Andreas Rademachers

Die Lazariter in Alemannien

Mittelalterlichen Ordenshäuser
im deutschen Sprachraum

Bibliografische Information der Deutschen Nationalbibliothek:
Die Deutsche Nationalbibliothek verzeichnet diese Publikation in der
Deutschen Nationalbibliografie; detaillierte bibliografische Daten sind im
Internet über http://dnb.dnb.de abrufbar.

Titelbild: Nekrologium zum Statutenbuch, Abtei St. Lazarus, Seedorf

© 2023 Dr. Andreas Rademachers

Herstellung und Verlag:
BoD – Books on Demand, Norderstedt

ISBN: 978-3-7347-7266-5

INHALTSVERZEICHNIS

1. Einleitung 01

2. Leitung und Kommenden 05

3. Präzeptorie Thüringen 13
3.1. Gotha 13
3.2. Wackenhausen 20
3.3. Braunsroda 23
3.4. Breitenbich 27
3.5. Sangerhausen 33

4. Die oberen Häuser 39
4.1. Seedorf 39
4.2. Schlatt 46
4.3. Gfenn 54

5. Megersheim 65

6. Schlussbetrachtung 69

Quellen und Literatur 71

1. EINLEITUNG

Der Verlust Akkons 1291 und der von den Johannitern regierten Kreuzfahrerstaaten bedeuteten einen tiefen Einschnitt in das Selbstverständnis vor allem der Oberschicht der mittelalterlichen Gesellschaft. Obwohl die europäischen Eroberungen in der Levante seit der Einnahme Jerusalems im Jahr 1099 nie sicher waren, gelang es den muslimischen Heeren in weniger als zwei Jahrhunderten die letzte Feste der Kreuzfahrer langfristig zu beseitigen. Für die Ritterorden, vor allem die Templer und Johanniter, auch Spitaler genannt, bedeute die Niederlage gleichsam den Entzug ihrer Existenzgrundlage und Tätigkeit. Die europäischen Häuser der Orden, als Komtureien oder Kommenden bezeichnet, standen vor einem Umbruch, dienten sie doch bislang einerseits als Rekrutierungszentren „diesseits des Meeres", andererseits als Orte, die notwendige Finanzmittel beschaffen konnten und mussten.

Der Orden des Hl. Lazarus hatte hinsichtlich der Gewinnung neuer Mitglieder eine Sonderstellung im Heiligen Land, bestand er doch in seinem Kern aus Leprakranken. Nicht nur die Templerregel sah vor, dass lepröse Ritter dem Lazarus-Orden überstellt werden sollten, das Zivilrecht, der sog. Livre au Roi, drängte gleichsam andere Erkrankten zur Mitgliedschaft bei den Lazaritern.[1] Damit hatte der Orden ein Aufnahmemonopol der gesamten Oberschicht der Kreuzfahrerstaaten, soweit sie an Lepra erkrankten. Diese bestand dabei nicht nur aus dem Adel bestand, sondern umfasste

---

[1] Kap. 42, Livre au Roi, in: Greilsammer, Myriam (Hg.): Le livre au Roi, introduction, notes et édition critique, Paris 1995, S. 256f.

gleichsam die freien Franken, die sich dort niedergelassen hatten.[2]

Diese schon beinahe „automatische Rekrutierung" konnte in gleicher Form nicht auf das Abendland übertragen werden. Hier war die Leprosenversorgung durch Sondersiechenhäuser in den Städten bereits seit längerem gegeben oder wurde zumindest im Hochmittelalter forciert. [3]

Zwar legte Clemens IV. 1266 fest, dass alle Leprosen in den Häusern des Lazarus-Ordens versorgt werden sollten,[4] doch erwies sich dies, alleine schon aufgrund der wenigen regionalen Schwerpunkte der Kommenden, als nicht umsetzbar. Es ist Jankrift zu folgen, der dieses Privileg in eine Kette von päpstlichen Interventionen stellt, um die scheinbar desolate finanzielle Situation des Ordens zu verbessern.[5] Wenn auch die Aufnahme von Leprösen nicht mehr nur der Rekrutierung kampffähiger Personen für das Heilige Land diente – die weite Reise z. B. aus Thüringen nach Akkon wäre wohl lebensgefährlich für einen Kranken gewesen –, so häufte zumindest die Übertragung des Vermögens auf den Orden bei Eintritt finanzielle Ressourcen an. Eine solche Übertragung

---

[2] Vgl. Morel, Galll: Die ältesten Statuten für die Lazaritenklöster Seedorf, im Gfenn, und in Slatte, in: Der Geschichtsfreund 4 (1847), S. 119-158, S. 144, nachfolgend: Statutenbuch.

[3] Vgl. Belker, Jürgen: Aussätzige. „Tückischer" Feind und „Armer Lazarus", in: Hergemöller, Bernd-Ulrich: Randgruppen der spätmittelalterlichen Gesellschaft, Warendorf 1990, S. 200-231, v.a. S. 222.

[4] Bulle vom 95.08.1266, in: Potthast, August: Regesta pontificum romanorum 2, Berlin 1875, Nr. 19790, S. 1596.

[5] Vgl. Jankrift, Kay Peter: Leprose als Streiter Gottes. Institutionalisierung und Organisation des Ordens des heiligen Lazarus zu Jerusalem von seinen Anfängen bis zum Jahr 1350 (Vita regularis 4), Münster 1996, S. 98ff.

stellte dabei kein Charakteristikum der Lazariter dar, sondern war ebenso in den kommunalen Versorgungseinrichtungen in verschiedenen Abstufungen, vom gesamten Erbe bis hin zu gewissen Anteilen, üblich.[6]

Während dem Orden im Königreich Jerusalem die alleinige institutionelle Versorgung von Aussätzigen zukam, so sind alleine für das Gebiet der heutigen Bundesrepublik Deutschland rund 350 kommunale und kirchliche Leprosorien nachgewiesen.[7] Da die wenigen, nur neun Häuser des Ordens im deutschen Sprachraum, wie unten zu zeigen sind wird, meist nicht einmal pflegerisch tätig waren,[8] kam der Rekrutierung Erkrankter nur eine marginale Rolle zu. Darüber hinaus gab es, aufgrund der geringen Anzahl von Häusern und nur wenigen Erkrankten, im Abendland keine Überstellung von „Siechen" anderer Ritterorden, wie das Leprosorium der Kommende Elbling des Deutschen Ordens und die Berichte über einen aussätzigen Templer bei der Verhaftung in Paris, im neuen Stammland der Lazariter zeigen.[9]

---

[6] Vgl. Schelberg, Antje: Leprosen in der mittelalterlichen Gesellschaft. Physische Idoneität und sozialer Status von Kranken im Spannungsfeld säkularer und christlicher Wirklichkeitsdeutungen, Univ.-Diss., Göttingen 2000, S. 432-434.

[7] Vgl. Karte „Mittelalterliche Leprosorien im Gebiet der heutigen Bundesrepublik Deutschland", in: Leistikow, Dankwart: Bauformen der Leproserie im Abendland, in: Wolf, Jörn Henning: Aussatz, Lepra, Hansenkrankheit. Ein Menschheitsproblem im Wandel, S. 103-149, hier S. 117.

[8] Vgl. u.a. Ebd., S. 103 und 110.

[9] Zum Deutschen Orden vgl. Probst, Christian: Der Deutsche Orden und sein Medizinalwesen in Preußen. Hospital, Formarie und Arzt bis 1525 (Quellen und Studien zur Geschichte des Deutschen Ordens 29), Bad Godesberg 1969, S. 146f., zum Templerorden vgl. Barber, Malcolm: The New Knighthood. A History of the Order of the Temple, Cambridge 1994, S. 372.

Die 1253 erteilte Erlaubnis, einen gesunden Meister zu wählen, 1256 als Großmeister bezeichnet, öffnete final den Weg
zur Mitgliedschaft von Gesunden als vollwertige Mitglieder.[10] Dies verbunden mit dem geringen pflegerischen En-
gagement führte dazu, dass die abendländischen Häuser
meist mildtägige Stiftungen waren und aus dem Heiligen
Land zurückgekehrten Rittern eine Wohnstätte boten; die
Rekrutierung neuer Kämpfer war nur noch formal eine Aufgabe. Den Mitgliedern wurde bei der Aufnahme der Auftrag
gegeben, ins Hl. Land zu ziehen, wenn dies zum Schutz des
Ordens notwendig sei und im Statutenbuch das Programm
formuliert, „das Banner der Christenheit […] gegen die
Feinde des heiligen Kreuzes Jesus Christi, das sind die Hei-
den" zu führen.[11]

Das Statutenbuch enthält in den neuen Gesetzen eine inte-
ressante Modifikation der Aufnahmemodalitäten. Der Kan-
didat wurde gefragt, ob er irgendwelche verborgenen Gebre-
chen habe.[12] Diese für andere Orden ebenfalls überlieferte
Frage steht bei den Lazaritern jedoch vor einem besonderen
Hintergrund, wäre sie doch eigentlich aufgrund der besonderen Ordensstruktur obsolet gewesen. Offenbar war man
mittlerweile dazu übergegangen, Gesunde und nicht mehr
Kranke aufzunehmen, was eine Umkehrung der ursprüngli-
chen Strukturen in der Levante bedeutete und vielleicht zumindest aus der Hoffnung gespeist wurde, irgendwann eine
militärische Stellung in der Levante wiederzuerlangen.

---

[10] Die Bulle des päpstlichen Legaten, welche die pontifikale Erlaubnis
übermittelt, ist in Berger, Elie (Hg.): Les Registres d'Innovent IV, Bd. 3,
Paris 1897, Nr. 6204, S. 153.
[11] Statutenbuch, S. 137.
[12] Statutenbuch, S. 144.

2. LEITUNG UND KOMMENDEN

Über die Organisation des Ordens im Mittelalter ist recht wenig bekannt. Das Wissen darüber lässt sich einerseits aus dem Statutenbuch von Seedorf ablesen, das u.a. die Regeln des Jerusalemer Mutterhauses überliefert, anderseits aus Urkunden, die zumindest die Namen von Amtsträgern enthalten und in Einzelfällen durch Berichte und normative Texte, wie dem Livre au Roi oder der Templerregel.

An der Spitze der Gemeinschaft stand ein Großmeister, der vom Generalkapitel gewählt wurde, und in den ersten 100 Jahren des Bestehens an Lepra erkrankt sein musste. Die Genehmigung des Papstes, von diesem Charakteristikum abzuweichen, stellte für die gesamte Gemeinschaft, vor allem diesseits des Meeres (also in Europa) eine entscheidende Wendung dar.

Daneben kam dem Generalkapitel im Laufe des 12. Jahrhunderts eine immer wichtigere Bedeutung zu, die zeitlich mit der Entwicklung von einer rein pflegerischen Gemeinschaft in einen Ritterorden korrespondiert.[13] Die anfängliche fast souveräne Macht des Großmeisters schränken die weiterentwickelten Jerusalemer Teile der Statuten dahingehend ein,

---

[13] Die Templerregel bestimmt in § 443 „Wenn nämlich ein Bruder das Unglück hat, nach dem Willen unseres Herrn den Aussatz zu bekommen, und es ist erwiesen, sollen die Ältesten des Ordens ihn ermahnen und bitten, aus dem Orden auszutreten, sich zum Hause des St. Lazarusordens zu begeben und das Kleid eines Bruders des heiligen Lazarus anzunehmen. Der kranke Bruder soll, wenn er ein guter Mensch ist, diesem Wunsche nachkommen, und außerdem würde es löblich sein, wenn er aus eigenem Antrieb um den genannten Abschied nachsuchte, bevor man ihn ermahnt und gebeten hat. [...]", Körner, Karl: Die Templerregel, Jena 1902.

dass ein Bruder, der die Gemeinschaft verlassen hatte, nicht mehr – wie zu Beginn – den Meister um Verzeihung und Wiederaufnahme bitten soll, sondern das Kapitel, das gleichsam die Buße für Vergehen festlegt.[14] Nur in der Vermögens -und Finanzverwaltung kam dem Meister weitgehende Unabhängigkeit zu. Das Gut, das Kandidaten bei der Aufnahme einbringen mussten, sollte er nach seinem Willen verwenden;[15] eine Regel, die offiziell nie außer Kraft gesetzt wurde.

Da keinerlei Protokolle des Jerusalemer Kapitels vorliegen, ist der Grund für diese Entwicklung nicht identifizierbar.[16] Die Verlegung des Sitzes nach Boigny und der Verlagerung der Ordensaktivitäten auf Europa änderte zwangsläufig ebenfalls die Struktur des Generalkapitels. Tagte es in Jerusalem noch jeden Sonntag, so kam es in Boigny[17] jährlich am Pfingstsonntag zusammen und hatte neben generellen Beratungen wohl vor allem Gerichtsfunktionen. Ob nur Komture und Ritter oder alle Mitglieder des Ordens („Brüder und Komture") stimmberechtigt waren, lässt sich aufgrund widersprüchlicher Quellen nicht eindeutig beantworten.[18]

Das Statutenbuch enthält dabei zwei Vorschriften, die für die Niederlassungen in Europa von Bedeutung sind. Das Generalkapitel bestimmte in Absprache mit dem Provinzkomtur/Landmeister die Komture der einzelnen Häuser und die

---

[14] Vgl. Statutenbuch, SS. 143, 146, 154.
[15] Statutenbuch, S. 147.
[16] Vgl. auch Jankrift: Leprose, S. 151f.
[17] Hierhin verlegte der Orden die Leitung nach dem Fall Akkons.
[18] Die Protokolle sind als Signatur MA 41, Nr. 1, S. 3f in Nationalarchiv Paris bzw. Bibliothèque Nationale, Fonds Fancaise 32957 fol. 402v. überliefert.

Präzeptoren der regionalen Zusammenschlüsse der Kommenden. Die Einsetzung der Landmeister wiederum lag beim Großmeister.[19] Da die Bezeichnung der Ämter teilweise differiert wird folgend für den Landkomtur (für Alemannien) der Begriff Provinzial, für die Vorsteher mehrerer Kommenden der Terminus Präzeptor verwendet.

Während des Hauptsitzes in Outremer folgte der Orden einer Tradition, die ebenfalls bei den Templern anzutreffen ist, nämlich der eines Statthalters, der den Großmeister diesseits des Meeres vertrat. Als „commendator seu praeceptor domuum citramarinarum generalis" ist zwar namentlich nur der alemannische Provinzial Heinrich von Graba bekannt,[20] doch dürfte der Orden auch hier den Usus der Templer übernommen haben.[21]

Dem Provinzial kam eine wichtige Funktion als Visitator des Großmeisters zu, wobei nicht dokumentiert ist, wie diese Visitation und Beaufsichtigung ablief und wie ein Berichtswesen aussah.

Auch über die Aufgaben der Präzeptoren ist wenig überliefert, doch geht Jankrift aufgrund der Autorenschaft des Statutenbuchs durch den Präzeptor der Schweizer Provinz davon aus, dass ihnen vor allem disziplinarische Kompetenzen zukamen.[22] Bei größeren finanziellen Obliegenheiten wie Tauschgeschäfte oder Schenkungen nennen die Urkunden

---

[19] Statutenbuch, S. 143.
[20] Fontes Rerum Bernensium III, Nr. 17 (S. 14ff) und Nr. 67 (Sf. 69f.)
[21] Vgl. Jankrift: Leprose, S. 97.
[22] Vgl. Ebd., S. 162f.

ebenfalls die Präzeptoren, ebenso regelmäßig bei Veräuße-
rungen, sodass Degler-Spengler die Schlussfolgerung zieht,
dass sie bei Verkäufen beteiligt werden mussten.[23] Es ist davon auszugehen, dass das Amt des Präzeptors durch einen
der Komture ausgeübt wurde.[24]

Das Statutenbuch regelt klar, dass er als Vertreter der Or-
denshierarchie auch nur von dieser abberufen werden
konnte. Hier ist der Annahme zu folgen, dass er durch die
Nähe zu den Kommenden deutlich greifbarer in der Kritik
stand, als die Provinziale, zumal er bei größeren finanziellen
Obliegenheiten einbezogen wurde, was die Autonomie der
Kommenden beschränkte.[25] Das Statutenbuch kodifiziert,
dass zu den Präzeptorien drei oder vier Niederlassungen ge-
hören sollen.[26] Die oberen Häuser zeigen jedoch, dass dieser
Regionalverband sehr brüchig war und nicht zwangsweise
eine dauerhafte Einrichtung. 1271 wurde er auf Anordnung
des Provinzials von Alemannien durch die Einsetzung des
Präzeptors gegründet mit der Weisung, ihm gehorsam zu
sein.[27]

Die Ernennung steht im unmittelbaren Zusammenhang mit
einem Streit um die Meiringer Kirche. Das Gotteshaus im
Berner Oberland war der Gemeinschaft 1232 durch König

---

[23] Degler-Spengler, Brigitte: Lazariter und Lazaritinnen, in: Helvetia
Sacra IV, Bd. 7, Basel 2006, S. 840-943, hier S. 853.

[24] Vgl. Martin, Alfred: Zur Geschichte der Lazariter im deutschen
Sprachgebiet, in: Zeitschrift für Krankenpflege, Klassische Therapie,
Krankenfürsorge und Krankenhausbau 44 (1922), S. 87-93, hier S. 89f.

[25] Urkunde vom 13.04.1272, in: Fontes rerum Bernensium III, Nr. 17,
S. 14-16.

[26] Statutenbuch, S. 143.

[27] Urkunde vom 11.11.1271, in: Fontes rerum Bernensium III, Nr. 7,
S. 6f.

Heinrich VII. geschenkt worden. Doch zu diesem Zeitpunkt wurde noch keine konkrete Kommende genannt, ebenfalls fehlt die Nennung von Zeugen aus dem Orden selbst, sondern die Schenkung ging an das „domui sancti Lazari" und damit an das Mutterhaus, das pars pro toto für den Gesamtorden stand. Wie aus dem Text hervorgeht, sorgte sich der König um das Seelenheil in Zeiten des fragilen Lebens.[28]

Innerhalb weniger Jahrzehnte hatten sich in räumlicher Nähe verschiedene Häuser entwickelt, die 1271 also bereits eine Eigenständigkeit ausgestaltet hatten und damit nicht von einem regionalen Mutterhaus abhängig waren. Anderseits zeigt die Anordnung des Präzeptors seine Macht gegenüber den einzelnen Kommenden. Demnach überrascht es, dass bereits nach dem Tod des letzten Präzeptors, Ulrich von Ottikon, im Jahr 1335 kein weiterer Amtsinhaber überliefert ist. Erst 1414 wird mit Johann Schwarber auf Befehl des Großmeisters in Boigny ein neuer regionaler Amtsträger gewählt, der den mittlerweile zu Frauenkonventen gewordenen Häuser in Gfenn und Schlatt vorsteht.[29] Die Wahl selbst ist laut dem beglaubigenden Notar einmütig verlaufen und die Schwestern hätten Gehorsam gelobt.[30]

Die Stellung des Präzeptors, durch die Einsetzung durch den Provinzial recht unbestreitbar, scheint nicht problemlos innerhalb der Kommenden akzeptiert worden zu sein, zumal er personell meist mit dem Komtur von Schlatt identisch

---

[28] Urkunde vom 18.08.1234, in: Fontes rerum Bernensium II, Nr. 130, S. 140.

[29] Vgl. Degler-Spengler: Lazariter, S. 840-943, v.a. S. 852f. und 867f.

[30] Urkunde vom 17.04.1414, in: Urkundenregesten des Staatsarchivs des Kantons Zürich, Bd. 4, 1401-1415, Zürich 1999, Nr. 5926, S. 385.

war. Zwar stimmte der erste Amtsinhaber, Volbert, im April 1272 zu, die besagte Kirche an die Propstei Interlaken zu schenken,[31] doch erneuerte er ein Jahr später noch einmal die vom Provinzial erteilte Vollmacht „plenariam auctoritatem" über das Gotteshaus zu bestimmen.[32] Auch dass Siegfried von Schlatt, der bis 1321 wohl zwei Dekaden das Amt innehatte, in seinem Statutenbuch die Notwendigkeit sieht, aus dem Delegat des Provinzials eine Ordensregel für die Häuser zu machen, weist darauf hin, dass das Amt nicht unumstritten innerhalb der Gemeinschaft war.

Wie gezeigt, waren die Kommenden für die Ritterorden von entscheidender Bedeutung, sie sorgten für Nachschub an gesunden Rittern und akquirierten Gelder für die Arbeit in den Versorgungseinrichtungen und für das Großmeisteramt.[33]

Die genauen Gründungsdaten der einzelnen Kommenden, die in den überlieferten Urkunden durchweg als Häuser bezeichnet werden, die unter einem Komtur stehen, lässt sich – wie unten zu zeigen sein wird – meist nur erahnen. Stiftungsurkunden sind nicht überliefert und die Häuser innerhalb des thüringischen Ordensverbands zeigen, dass sie wohl eher aus einer langsamen regionalen Entwicklung hervorgegangen sind, die erst durch Urkunden über Rechtsgeschäfte zeitlich eingeordnet werden können.

---

[31] Urkunde vom 13.04.1272, in: Fontes rerum Bernensium III, Nr. 16, S. 13-16.

[32] Urkunde vom 30.05.1273, in: Fontes rerum Bernensium III, Nr. 41, S. 34f.

[33] Im unten erwähnten Streitigkeiten zwischen Seedorf und Gfenn wird berichtet, dass Gelder nicht an den Großmeister weitergeleitet wurden.

Die geringe Größe des Ordens in der Levante und die pflegerische Konzentration auf Leprakranke spiegelt sich auch in der Anzahl der Kommenden in der deutschsprachigen Provinz. Während der Johanniterorden im Großpriorat Deutschland 110 Kommenden in acht Balleien (darunter die Ballei Niederlande mit 12 Kommenden) zählte, führten die Lazariter in zwei Provinzen (vergleichbar mit den Balleien der Johanniter) nur neun Kommenden.

Diese zwei Provinzen charakterisieren die regionalen Schwerpunkte der Ordenshäuser: Thüringen mit den Kommenden Gotha, Sangershausen, Breitenbach, Wackenhausen und Braunsroda, Schweiz mit den Kommenden Seedorf, Gfenn und Schlatt und daneben die offenbar über dem Rang einer bloßen Kommende stehende Kommende Megersheim in Hessen, zumal dort zeitweise gar der alemannische Provinzial residierte.

Die Größe dieser Kommenden konnte sich unterscheiden und nur aus einem größeren Gut bestehen oder noch abhängige Höfe und Häuser beinhalten. Entfernte Äcker konnten z.b. als wohltätige Schenkungen in den Besitz des Ordens gelangen oder aber Güter, die bei Aufnahme in die Gemeinschaft übertragen wurden.

Walter Rödel nennt in seiner Übersicht einige Häuser, die zur Kommende Gotha gehörten, jedoch als eigenständige Kommenden zu betrachten sind. [34] Anderswo hat die Histo-

---

[34] Rödel, Walter: Werden und Wirken des Lazarus-Ordens. Ein Überblick mit besonderer Berücksichtigung der Ordenshäuser in Deutschland und der Schweiz, Köln 1974, v.a. S. 21ff.

riografie des Ordens immer wieder im Laufe der Jahrhunderte versucht, der Gemeinschaft Häuser zuzuschreiben, die keinen Bezug zu den Lazaritern hatten. Das Patronat des hl. Lazarus bedeutete weder im deutschsprachigen Raum, noch in Frankreich, eine Verbindung. Wie das Beispiel Gotha zeigen wird, aber auch verschiedene Kirchenpatronate, stand kein Zusammenhang zwischen dem Ordenspatron und den Patrozinien von Kirchen und Häusern, die der Gemeinschaft gehörten; meist wurden sogar andere Heilige für das Patrozinium gewählt.

Bis zum Ende des 15. Jahrhunderts waren die meisten Niederlassungen des Ordens in der Provinz aufgelöst oder verkauft, lediglich die Häuser in der Schweiz bestanden noch wenige Jahrzehnte länger, am Ende nur noch als Frauenklöster.

Für das deutsche Gebiet (also die Provinz Thüringen und Hessen) stand dies auch im Zusammenhang mit der Bulle Nos igitur von Papst Innozenz VIII., worin 1489 die Vereinigung des Lazarus-Ordens und der Kanoniker vom hl. Grab mit dem Johanniterorden verfügt wurde. Im Gegensatz zu Frankreich, wo der König diese Vereinigung – am Ende mit Zustimmung des Parlaments – verweigerte, wurde sie in Deutschland sukzessive umgesetzt. Dabei wurden teilweise Freiheiten (wie Ablässe) auf den Johanniterorden übertragen oder Lazariter traten direkt zum Orden über, ggf. nachdem Sie im Rahmen der Reformation protestantisch geworden waren.[35]

---

[35] Ledebur, Leopold von: Die Verschmelzung des St. Lazarus-Ordens in Deutschland mit den Johannitern, in: Wochenblatt der Johanniter-Ordens-Balley Brandenburg 10 (1860), S. 37-39.

3. PRÄZEPTORIE THÜRINGEN

Wenngleich Gotha die bedeutendste Niederlassung im Herr-
schaftsbereich des Thüringer Landgrafen war, so waren
ebenfalls Braunsroda, Breitenbich, Sangerhausen und Wackenhausen Teil des Regionalverbands, der mit seinen zahlreichen Kommenden die Bedeutung des Ordens innerhalb
Thüringens – bis zu seinen östlichen Grenzen – unterstrich
und vom regionalen und lokalen Adel sowie der Kirche weite
Unterstützung erhielt.

3.1. GOTHA

Die Kommende Gotha stellt vor allem aufgrund ihrer prominenten Förderin und den damit verbundenen Freiheiten
und Privilegien eine Besonderheit im deutschen Sprachraum
dar, was unter anderem die zahlreichen Urkunden im Stadtarchiv Gotha widerspiegeln. Die Stadt, die an der Hohen
Straße, der als via regia bis ins Hochmittelalter ein besonderer Schutz zukam, gegründet wurde und mit dem Münzrecht
ausgestattet war, hatte für die Landgrafschaft Thüringen eine
gewisse Bedeutung.

Die prominente Förderin des Maria-Magdalena-Hospitals in
Gotha, Elisabeth von Ungarn, Ehefrau des Landgrafen Lud-
wig IV. von Thüringen, später als Heilige verehrt, führte zu
einer Gründungslegende des Spitals, die jedoch nur im Kern
als wahr zu bezeichnen ist. Im Gefolge der Landgräfin soll

sich ein ungarischer Lazariter befunden haben, der sie zu einer Gründung angeregt habe.[36] Die tatsächliche Stiftungsurkunde des Hospitals stammt aus dem Jahr 1223. Darin berichtet der Landgraf, dass das Haus, „das Frau Hildegard in Gotha freiwillig zur Verfügung stellt", in eine Pflegeeinrichtung umgewandelt wurde. Außerdem bekräftigt er bereits vorab die Dauerhaftigkeit, wenn jemand „Häuser oder Höfe der Stadt oder irgendwelche Einkünfte unter Verzicht auf jeden Widerruf übereignet". Bezeichnend ist, dass die Urkunde gleichsam von „frommender vollkommener Bewilligung" seiner Mutter, Ehefrau und Brüdern spricht.[37] Wann es in den Ordensbesitz kam, ist nicht überliefert.

Nach dem Tod des Landgrafen, der sich dem Kreuzzug des exkommunizierten Kaisers Friedrich II. anschloss und während der Überfahrt 1227 starb, erbat Elisabeth vom Papst die Erlaubnis, eine Kapelle und einen Friedhof zu errichten und um einen Kaplan für das Hospital. Papst Gregor IX. wies daraufhin den Erzbischof von Mainz an, ihr dies „ohne Nachteil des Rechts eines andern" zuzugestehen.[38]

Zwar ist Elisabeth nicht als Gründerin anzusehen, doch hatte die Leprafürsorge für sie einen hohen Stellenwert, wie im Kanonisierungsverfahren deutlich wurde. Isentrud von Hörselsgau berichtete der päpstlichen Kommission: „Am

---

[36] Vgl. Rödel: Werden, S. 22.
[37] Stiftungsurkunde, in: Weigelt, Sylvia: Elisabeth von Thüringen in Quellen des 13. bis 16. Jahrhunderts (Quellen zur Geschichte Thüringens 30), Erfurt 2008, S. 23f. Dabei ist zu erwähnen, dass Madelung in seiner Urkundensammlung vom Haus Hildegardis spricht und den Schenker als männlich übersetzt, vgl. Madelung, F.W.: Beyträge zur Erläuterung und Ergänzung der Geschichte der Stadt Gotha, Gotha 1767, Nr. VIII, S. 38.
[38] Ebd., Nr. XI, S. 42.

Gründonnerstag beschenkte sie immer feierlich die Armen. An einem Gründonnerstag sammelte sie viele Aussätzige, wusch ihre Hände und Füße und küsste direkt die Wunden und schrecklichen Stellen ihres Körpers, demütig vor ihnen kniend. Und wo immer sie später Aussätzige fand, setzte sie sich neben sie, tröstete sie und ermahnte sie zur Geduld, scheute sich vor ihnen so wenig wie vor Gesunden und beschenkte sie reichlich."[39] Daneben ist die Legende überliefert, dass Elisabeth gegen den Widerstand ihres Ehemanns einen Leprakranken in ihrem Bett übernachten ließ.

Ein besonderes Privileg gewährte Papst Innozenz IV. zu Beginn des Jahres 1253. Da er wolle, dass die „Kirche, in welcher viele Liebeswerke, dem Verlauten nach, geschehen, mit gebührender Ehrfurcht besucht werde von wahren bußfertigen Bekennern", sollten die Besucher an Pfingsten und der entsprechenden Oktav einen vierzigtägigen Ablass erhalten.[40] Der Erzbischof von Mainz erteilt fünf Jahre später allen, die dem Hospital Spenden zukommen ließen und lassen einen zwanzigtägigen Ablass. Aufgrund der zahlreichen Reliquien, die ein Bischof Otto von Cambrai der Kirche vermacht hatte, wurde 1322 erneut ein vierzigtätiger Ablass für alle gewährt, die vor den Altären beteten.[41] Auch den Besuchern eines neugeweihten Friedhofs wurde aus Mainz 1404 ein Ablass gewährt und sogar ein Fasttag erlassen,[42] etwas,

---

[39] Weigelt: Elisabeth, S. 51.
[40] Mandelung: Beyträge, Nr. XVI, S. 58. Die Urkunde wird im Stadtarchiv Gotha (0.1 007) aufbewahrt.
[41] Stadtarchiv Gotha, regestierte Urkunde von 1322, 0.1. 024.
[42] Ebd., regestierte Urkunde vom 25.03.1404, 0.1 030.

was sich 1427 bei der Einweihung zweier Heiligenbilder in der Kirche wiederholte.[43]

Diese Ablassgewährung war durchaus nicht nur für das Seelenheil der Spender relevant, sondern brachte – der mittelalterlichen Praxis entsprechend – dem Ort, also dem Hospital, Spenden ein, die zwar nicht gefordert, aber häufig gegeben wurden. Die geistlichen Früchte trugen mit dazu bei, dass die Kommende ihre Güter im Laufe der Zeit beträchtlich steigern konnte und überdies solche erwarb, die nachfolgend zu eigenständigen Kommenden aufstiegen.

Bei keiner anderen Kommende sind eine solch große Zahl von Schenkungen, Privilegien sowie Verbindung zum Hochadel und dem Papst nachweisbar. 1250 erhielt die Kommende vier Äcker als Schenkung[44], 1405 wurde dem Haus ein Zins von 10 Schillingen und einigen Pfennigen abgetreten,[45] 1442 wurden Geldzinsen von einem Gothaer Bürger,[46] Ritter Heinrich von Hausen überließ dem Orden 1443 Zinsen von der neu an ihn belehnten Burg Farnroda.[47] Im Stadtarchiv Gotha sind daneben zahlreiche Verkäufe der Kommende nachweisbar, die von einem umfangreichen Grundbesitz in der gesamten Region zeugen. Eine enge Verbindung bestand zudem zu den Landesherren. Die dritte Ehefrau von Landgraf Albrecht des Unartigen, Elisabeth von Orlamünde, war von ihrem Mann als Aufseherin über das Hospital eingesetzt worden und forderte, „daß künftig alle

---

[43] Ebd., regestierte Urkunde vom 28.07.1427, 0.1 036.

[44] Ebd., regestierte Urkunde von 1250, 0.1 004.

[45] Ebd., regestierte Urkunde vom 29.05.1405, 0.1. 033.

[46] Ebd., regestierte Urkunde vom 09.06.1442, 0.1. 039

[47] Ebd., regestierte Urkunde vom 28.05.1443, 0.1. 040.

das Hospital betreffenden Angelegenheiten unter ihrer Mit-
wirkung vorzunehmen seien, bei Vermeidung ihrer Un-
gnade".[48] Noch 1455 bestand eine enge Beziehung, als Landgraf Wilhelm III. der Tapfere, Herzog von Sachsen, zu Spenden zum Bau eines neuen Chores der Kirche und der offenbar nötig gewordenen baulichen Wiederherstellung aufrief.[49]

Den herausgehobenen Charakter machen auch zwei päpstliche Interventionen deutlich. 1294 sollte der Prior des Klosters Saint-Hilaire im französischen Poitiers im Auftrag von
Papst Coelestin V. – kurz vor seinem Rücktritt vom Pontifi-
kat – zu Unrecht veräußerte Güter zurück in den Orden
bringen und drohte bei Weigerung sogar Kirchenstrafen
an.[50] 1404 wurde Heinrich Marquard von Papst Bonifaz IX.
selbst zum Präzeptor bestimmt bzw. der Dechant der Erfur-
ter Marienkirche mit der Einsetzung betraut.[51]

Gotha ist darüber hinaus die einzige Kommende, bei der sich
noch ein zweites durch sie verwaltetes Leprosorium nachweisen lässt, der nach seinem heutigen Ortsnamen bezeichnete Nesselhof im heutigen Floh-Seligenstadt im Landkreis
Schmalkalden-Meiningen, in der Nähe der alten Burg Tam-
bach. Obwohl Ledebur den Hof in die Reihe der selbststän-
digen Kommenden einreiht,[52] gehörte das Hospital als ab-
hängiger Ordenshof zu Gotha. 1290 wurde mit dem Bau be-
gonnen, unterstützt von Landgraf Albrecht von Thüringen.

---

48 Ebd., regestierte Urkunde vom 29.08.1293, 0.1. 013.
49 Ebd., regestierte Urkunde vom 28.05.1455, 0.1. 043.
50 Ebd., regestierte Urkunde vom 27.11.1294, 0.1. 015.
51 Ebd., regestierte Urkunde vom 14.06.1404, 0.1 032.
52 Vgl. Ledebur: Verschmelzung, S. 37.

Dabei wurde dieses Haus an Bruder Gottfried von Waltdorf übergeben,[53] der wohl als Mitglied des Ordens anzusehen ist. Zwei Priester waren zum Gottesdienst abgestellt und erhielten Zinseinkünfte zur Versorgung. Doch bereits 1467 war das Spital und der Hof vernachlässigt und der Schultheiß Claus Beymler klagte Graf Wilhelm von Henneberg den desolaten Zustand.[54] Der Hof blieb bis 1501 mit Gotha verbunden und wurde anschließend gegen Zins einem Bürger überlassen.[55]

Doch bereits 1444 scheint die Kommende finanzielle Schwierigkeiten gehabt zu haben. Herzog Wilhelm forderte den Stadtrat von Gotha auf, sich des Hospitals anzunehmen und einen Pfleger zu bestellen.[56] Dies gipfelte 1478, zehn Jahre vor der versuchten päpstlichen Auflösung und Inkorporation der Güter in die Johanniter, in einer Übertragung auf einen Ordensbruder und der damit verbundenen Lossagung von der Selbstverwaltung. Das Haus wurde in diesem Jahr „wegen Schulden und sonstigen Verfalls" vom Landkomtur an Bruder Gregor Becker übertragen, der jedoch keine Güter veräußern durfte. Es bestand die Hoffnung, die Lage der Kommende zu bessern,[57] wohl auch durch Zinstausch mit geografisch näher gelegenen Gütern.

---

[53] Urkunde vom 30.09.1290, in: Sagittarius, Caspar: Historia Gotha, Jena 1700, Nr. 11, S. 239f.

[54] Weber, Paul: Kreis Herrschaft Schmalkalden (Die Bau- und Kunstdenkmäler im Regierungsbezirk Cassel 5), Marburg 1913, S. 101.

[55] Dietrich, Emil: Das Hospital Mariä Magdalenä zu Gotha, in: Zeitschrift des Vereins für thüringische Geschichte und Alterthumskunde 3 (1859), S. 289-312, hier S. 308.

[56] Urkunde vom 11.08.1444, in: Sagittarius; Historia, S. 241f.

[57] Stadtarchiv Gotha, regestierte Urkunde vom 24.07.1478, 0.1 049.

Letztlich hätte die Geschichte der Kommende Gotha am 28. März 1489 enden müssen, als die päpstliche Bulle der Auflösung und Inkorporation promulgiert wurde. Doch erst am 21. März 1491 verkündete ein Richter des Mainzer Bischofsstuhl deren Rechtmäßigkeit, nachdem die Johanniter um diese Klarstellung ersucht hatten. Das Urteil enthält die Bulle selbst, die Ermahnung an die Geistlichen, dieser Folge zu leisten und die Aufforderung, dass das Urteil den Lazaritern im Gothaer Haus bekannt gegeben und ihnen „danach sich zu richten aufgegeben" wird.[58] Erwähnenswert ist dabei, dass die Ordensleitung in Boigny, die sich der Vereinigung auch mithilfe des Königs und des französischen Parlaments am Ende erfolgreich widersetze, offenbar nicht versucht hatten, die deutschen Güter zu behalten. Die finanziellen Obliegenheiten von entfernten Häusern sollten wohl nicht das Problem des Großmeisters werden, der den Schwerpunkt des Ordenslebens längst nach Frankreich verlagert hatte.

Der frühere Komtur von Gotha, Peter Klopstein, trat 1518 als Komtur der gleichnamigen Johanniter-Kommende auf,[59] sodass von einer erfolgreichen Umsetzung der Bulle, doch gleichsam von einer Kontinuität des Personals ausgegangen werden kann. Der Übertritt in den Orden war dabei offenbar anfänglich mit Schwierigkeiten und Weigerungen verbunden, da sogar der Heilige Stuhl, konkret Bischof Guiliano della Rovere von Ostia, der spätere Papst Julius II, involviert wurde und den Übertritt im Namen des Pontifex anordnete.[60]

---

[58] Ebd., regestierte Urkunde vom 21.03.1491, 0.1. 055.

[59] Vgl. Ledebur: Verschmelzung, S. 38.

[60] Schreiben vom 11.11.1500, in: Tentzel, Wilhelm Ernst: Supplementum Historiae Gothanae, Bd. 1, Jena 1740, S. 707f.

Gotha war wichtigstes Zentrum des Ordens in Thüringen mit der häufigen Erwähnung als Sitz des Präzeptors, der auch als Landkomtur (im Gegensatz zum Landmeister) bezeichnet wurde. Rödels Aussage, dass ihm mehrere Ordenshöfe zugeordnet waren, ist, bis auf den Nesselhof, nicht zu folgen, da im Gegensatz zu ihm eigene Komture im Amt waren, wie folgend zu zeigen ist.[61]

3.2. WACKENHAUSEN

Die Kommende Wackenhausen lag im Ortsteil Kupersuhl der heutigen Gemeinde Moorgrund im Wartburgkreis und ist nur durch die überlieferten Rechtsgeschäfte bekannt, von einer Krankenversorgung ist nirgends die Rede. Dies ist dahingehend weniger überraschend, als sich in Thüringen verschiedene Kommenden und Häuser des Ordens häuften und dabei die begrenzt notwendige Versorgung von Leprösen nicht an jedem Ort erfolgen musste. Interessant ist, dass sich an den überlieferten Quellen ablesen lässt, dass die Kommende, die 1268 erstmals urkundlich erwähnt wurde, nur als von der bischöflichen Gewalt exemt verstanden wurde, nicht auch vom feudalen Machtbereich des Grundherrn. Sofern

---

[61] In einer Urkundensammlung des Eichsfelds sind klar die Namen der Komture von Wackenhausen und Breitenbich verzeichnet. Vielleicht liegt eine Verwechslung dahingehend vor, dass der Landkomtur in Gotha saß, vgl. Urkunde, in: Wolf, Johann (Hg.): Politische Geschichte des Eichsfeldes. Mit Urkunden erläutert, Bd. 1, Göttingen 1792, Nr. 95, S. 75.

zivile Rechte mit den Besitzungen verbunden waren, wurden diese, teils zeitlich verzögert, gesondert verliehen.

Die erste überlieferte Urkunde lässt vermuten, dass der Orden selbst Güter in Wackenhausen erworben hat und es keine fromme Stiftung, wie in den meisten anderen Fällen, war.[62] Die Ortslage wurde dabei künftig selten verlassen, jedoch zumindest später herrschaftliche Rechte übertragen. So wurde ihm 1295 von Landgraf Albrecht II. auch die Grundgerichtsbarkeit über die Menschen in Kupfersuhl gegen den eher symbolischen Zins von nur einem Malter Hafer (ca. 100 Liter) und ein junges Huhn verliehen.[63] Die Hintergründe der Gründung können nicht identifiziert werden, jedoch liefert die enge, im Komtur Friedrich Smedt gleichsam personelle Bindung an die Kommende Gotha, Indizien dafür, dass sich das Gothaer Haus in die Region ausdehnte und eine eigenständige Filiale gründete.

Die oben geäußerte Kritik an der Wertung Rödels, Wackenhausen nur als Ordenshof Gothas zu sehen, wird durch die drei urkundlich erwähnte Komture erneut unterstrichen: Berthold von Elnde,[64] Friedrich Smedt[65] und Heinrich

---

[62] Bestätigung einer Gewährleistung für den Kauf von Gütern durch Boppo de Lapide, in: Tentzel II, S. 66.

[63] Vgl. Regel, Fritz: Die Entwickelung der Ortschaften im Thüringerwald (nordwestliches und zentrales Gebiet). Ein Beitrag zur Siedelungslehre Thüringens (Petermanns Mitteilungen, Ergänzungsband 17), Gotha 1885, S. 64, der auf die entsprechenden Urkunden verweist.

[64] Vgl. Ledebur: Verschmelzung, S. 38.

[65] Schmidt, Friedrich: Geschichte der Stadt Sangerhausen, Sangerhausen 1906, S. 838.

Schmuckschuh[66]. 1437 trat Smedt darüber hinaus neben den Komturen von Braunsroda, Gotha und Breitenbich als eigenständiger Vorsteher in einer Kaufurkunde auf.[67] Erwähnenswert ist, dass er noch vier Jahr vor seiner Erwähnung als Komtur als Hauskomtur von Gotha bezeichnet wurde und sich damit eine Unterscheidung vom Amt des allgemeinen Komturs und dem Hausvorstand eines einzelnen Hauses herauslesen lässt.[68] Sofern diese Annahme stimmt, lässt dies zwei Interpretationen zu: Einmal könnte die große Kommende Gotha eine Art Hausvorstand der Gemeinschaft gehabt, oder aber es könnte sich der Aufbau verzögert haben und mit Rückschlägen verbunden gewesen sein, wie der kirchenrechtlich eskalierte Streit um die Lehenspflicht gegenüber der Abtei Fulda zeigt.

1268 belehnte die Abtei die Kommende mit Gütern im Flachsland und Wackenhausen. Damit war die Verpflichtung des Landkomturs (als Provinzialmagister bezeichnet) in gleicher Urkunde verbunden, einen Hof und eine Kapelle zu errichten und jeweils am Vorabend Bonifatiusfestes zehn Pfund Wachs an die Abtei zu entrichten.[69] Aus nicht näher überlieferten Gründen war der Ort 1440 wüst und damit die Bewirtschaftung des Ordensguts erschwert.[70]

---

[66] Urkunde, in: Lüning, Johann Christian: Corpus Iuris Feudalis Germanici, Frankfurt a.M. 1727, Nr. 70, S. 1875.

[67] Vgl. Schmidt: Geschichte, S. 837.

[68] Beck, August: Geschichte des gothaischen Landes, Bd. 2, Geschichte der Stadt Gotha, Gotha 1870, S. 334.

[69] Urkunde vom 10.11.1268, Schannat, Johann Friedrich: Fuldischer Lehn-Hof, Frankfurt a.M. 1727, Nr. 161, S. 263f. Die Urkunde wurde in Fulda gesiegelt, sodass davon auszugehen ist, dass diese Vereinbarung im lehensgebenden Kloster erfolgte.

[70] Vgl. Regel: Entwickelungen, S. 64.

Der Orden war seiner Verpflichtung „etliche Jahre" nicht nachgekommen; selbst der Bonifatius-Altar war 1489 noch nicht fertiggestellt worden. In gleicher Urkunde, die vom Komtur von Wackenhausen ausgestellt wurde,[71] weist er darauf hin, dass sich die Kommende einerseits im Wiederaufbau befinde und er zeitnah den Altar bauen lassen wolle. Doch gibt er darin auch zu Protokoll, dass ihm der Abt von den ausstehenden Zahlungen schriftlich befreit habe. Diese Zusage haben offenbar dazu geführt, dass der deshalb gegen ihn verhängte Kirchenbann aufgehoben worden sei.[72] Weitere Urkunden finden sich nicht. Auch die Übertragung auf die Johanniter ist nicht datierbar. Erst 1510 wird sie erwähnt, als die Abtei die Johanniter belehnt und die Zinsleistung erneuert werden, wie es der Komtur „als getreuer Lehensmann gegenüber seinem Lehnsherrn zu tun schuldig" sei.[73]

3.3. BRAUNSRODA

Der heute zur Gemeinde An der Schmücke im Kyffhäuserkreis gehörende Ortsteil Braunsroda nahm eine ähnliche Entwicklung wie die anderen Thüringischen Kommenden des Ordens, die durch Guts- und Gebietserweiterungen allmählich eigenständige Niederlassungen wurden.

---

[71] Er bezeichnet sich in diesem Schuldeingeständnis selbst als Komtur. Es ist davon auszugehen, dass eine solche öffentliche Urkunde niemals mit einem missbräuchlichen Titel unterzeichnet worden wäre.

[72] Urkunde vom 28.06.1489, in: Schannat: Lehn-Hof, Nr. 162, S. 364f.

[73] Urkunde vom Mittwoch nach Bonifatius 1510, Ebd., Nr. 163, S. 365.

Erzbischof Siegfried von Mainz bestätigte am 18. Dezember 1230 die Schenkung der Kirche zu Braunsroda mitsamt den zugehörigen Gütern (Äcker und Gärten) an die „Brüder des hl. Lazarus von den Theilen diesseits des Meeres". Übertragende waren die Edlen von Heldrungen, ein Ministerialengeschlecht, namentlich Heinrich und seine Brüder Hartmann, Hermann und Otto, unter Zustimmung der Erben. Verbunden mit der Bestätigung ist die Androhung des Fluches gegen diejenigen, „diese unsere Bestätigungsschrift anzufechten, oder selbiger mit verwegener Kühnheit entgegen zu handeln" gedenken.[74]

Die Verbindung zum Orden wurde durch die Erben der Familie fortgeführt, doch stieg die Bedeutung der Gemeinschaft Braunsroda so an, dass sie 1280 die verbliebenden Güter derer von Heldrungen kaufen konnten und nicht auf eine Schenkung angewiesen waren. Über den Kaufpreis schweigt das Dokument, doch wird die Entwicklung der thüringischen Präzeptorie deutlich. Die Güter wurden nicht etwa der Kommende Gotha oder denen „diesseits des Meeres" übertragen, sondern „den Brüdern von Braunsrode, des Ordens St. Lazari".[75] Somit muss innerhalb weniger Jahrzehnte ein bewohntes Haus entstanden sein, obwohl keine entsprechenden Schenkungen oder Erwerbungen in der Zwischenzeit überliefert sind. 1296 überließen die Grafen von Wernigerode dem Hof in Braunsroda Güter, die durch Erbfall von

---

[74] Mandeling: Beyträge, Nr. 10, S. 43. Das Stadtarchiv und Rödel nennen das Jahr 1231. Sofern jedoch die Datierung auf den 18. Dezember stimmt und Siegfried III. von Eppstein, wie in der Forschung angenommen, im Oktober oder November 1230 zum Bischof gewählt wurde, dürfte die Urkunde tatsächlich bereits 1230 ausgestellt worden sein, da er vom ersten Jahr seines Bischofsamtes spricht.
[75] Urkunde vom 11.06.1280, in: Sagittarius: Historia, S. 238f.

Bertold von Oberheldrungen an die Familie gefallen waren. Durch die Übertragung von 4 Hufen arthaftes Land, vier Siedlerhöfen und 70 Ackern Wald wuchs der Hof ein Jahr später noch einmal deutlich an.[76] Es war wohl diese große Besitzerweiterung, die zum Aufstieg des Hauses zur Kommende führte, denn der Vertreter des Hofs wurde zuletzt in der Übertragungsurkunde als Provisor bezeichnet. Spätestens 1306 ist ein Komtur im Rahmen eines Verkaufs an den Deutschen Orden bezeugt und eröffnete damit die Möglichkeit, eigene Rechtsgeschäfte zu tätigen.

Die für Gotha nachgewiesenen Ablässe lassen sich – in begrenzter Form – auch hier nachweisen. So wurden vierzig Tage Ablass gewährt, wenn eine Schenkung anlässlich der Altarweihe in der Kirche gemacht wurde.[77]

Zugute kamen auch einige Kirchenpatronate, die dem Orden übertragen worden waren und aus dieser Kommende heraus betreut wurden. Dass diese Rechte nicht neu erworben, sondern durch Schenkung angehäuft wurden, bedeutete einen finanziellen Mehrwert für den Orden. Neben den zeremoniellen und spirituellen Vorzügen und der Möglichkeit, die Priester einzusetzen, war vor allem der Gewinn aus den zur Kirche gehörenden Pfründen eine nicht unerhebliche Finanzquelle. 1304 waren es erneut Mitglieder derer von Heldrungen, die Patronate in Bretla/Bretleben und Bernsdorf übertrugen.[78] Papst Clemens V. approbierte 1313 dieses Patronatsrecht, gemeinsam mit dem in Horsmar und Helmsdorf

---

[76] Stadtarchiv Gotha, regestierte Urkunden 0.1. 016 (29.07.1296) und 0.1. 017 (19.05.1297).

[77] Ebd., regestierte Urkunde vom 12.06.1467, 0.1. 045.

[78] Sagittarius: Historia Gothae, S. 240.

(s. Breitenbach), daneben die Abtretung der Kirchen und die Zinszahlungen an den Orden.[79]

Noch 1483 wurden dem Komtur einige kirchenrechtliche Privilegien für die Kirche und das Ordenshaus bestätigt.[80] Doch scheint auch dieser Versuch, die Privilegien als Einnahmequelle zu nutzen, keine langfristig erfolgreiche Wirkung entfaltet zu haben. Wann die Besitzübertragung an die Johanniter für Braunsroda erfolgt ist, lässt sich aufgrund der Quellenlage nicht datieren. Da die päpstliche Bulle in Gotha erst nach dem Beschluss des Kirchengerichts umgesetzt wurde (s. o.) ist davon auszugehen, dass sich dies auf alle thüringischen Besitzungen bezog. Sicher ist, dass er sich im Februar 1519 im Besitz der Johanniter befand, als der Gothaer Komtur Peter Klopstein die Güter des „Hospitals", von Herzog Georg von Sachsen bestätigt, an Graf Ernst zu Mansfeld übertrug, der zur Zahlung eines jährlichen Zinses von 60 rheinischen Gulden verpflichtet wurde.[81]

Nach dem Ende der Eigenständigkeit fielen also auch hier die Güter der Filiale wieder an das alte Mutterhaus zurück, bevor von dort aus die verstreuten Einzelgüter veräußert wurden.

---

[79] Urkunde vom 21.03.1313, in: Tentzel, Wilhelm Ernst: Supplementum Historiae Gothanae, Bd. 1, Jena 1701, S. 620f.

[80] Ebd., regestierte Urkunde vom 14.06.1483, 0.1 053.

[81] Ebd., regestierte Urkunde vom 13.03.1520, 0.1 078.

3.4. BREITENBICH

Die Kommende Breitenbich hat im Gegensatz zum Gothaer Haus keine prominenten Gründer und auch keine Gründungslegenden, wie für die Schweizer Häuser überliefert. Vielmehr verdankt das Kloster, das in der heutigen Gemeinde Anrode im thüringischen Unstrut-Hainich-Kreis liegt, seine Entstehung wohl zwei Ereignissen: der Güterakkumulation der Kommende Gotha und der Zerstörung und Umsiedlung eines Zisterzienserinnen-Klosters. Das Haus war entgegen Rödels Beschreibung spätestens seit 1278 eigenständige Kommende und zeitweise Sitz des Präzeptors von Thüringen.

In einem Tauschvertrag von Gütern mit dem Kloster Volkenroda aus dem Jahr 1267 erscheint ein Bruder Reinhard noch als Provisor von Breitenbich, als er eine Urkunde beglaubigt,[82] während knapp zehn Jahre später bereits ein Magister und ein Konvent siegeln.[83] Das Gothaer Haus, das die Güter 1253 erhalten hatte, lag über 50km entfernt, sodass innerhalb weniger Jahre ein eigener Konvent und schließlich eine selbstständige Kommende entstehen musste, um das Anwesen profitabel zu bewirtschaften. Dabei zogen die Lazariter Nutzen aus einer zumindest noch teilweise vorhandenen Infrastruktur.

Die Anfänge des Klosterguts sind gut überliefert, obwohl die Gründung später als für das legendäre Jahr 1200 anzusetzen

---

[82] 21.01.1267, in: Herquet, Karl: Urkundenbuch der ehemals freien Reichsstadt Mülhausen in Thüringen, Halle 1874, Nr. 177, S. 67.
[83] Urkunde vom 03.01.1278, abgedruckt in; Wolf, Johann: Eichsfelder Kirchengeschichte, Göttingen 1816, S. 78.

ist. Die drei Ministerialen Werner von Salza gen. von
Schifferstein, Konrad von Alt-Mühlhausen und Johann von
Bodenstein hatten um 1230/1240 die bereits vorhandene
Kirche am Ort mit Gütern ausgestattet, um ein Frauenkloster zu gründen.[84] Nachdem das Gebäude im thüringisch-hes-
sischen Erbfolgekrieg wenige Jahre später stark beschädigt
worden war, verließen die Zisterzienserinnen das Kloster.
Auch die Kirche war soweit in Mitleidenschaft gezogen worden, dass die würdige Feier der Gottesdienste nicht mehr
möglich war. Nachdem der wohl recht kleine Nonnenkon-
vent aus familiären Gründen eine temporäre Aufnahme in
Mühlhausen gefunden hatte, siedelten sie sich im nahe gelegenen Anrode an.[85]

Da offenbar nicht vorgesehen war, das Kloster wieder
selbstständig aufzubauen – die Besiedlung von Anrode fällt
erst in die Zeit nach der Übertragung – erhielten die Lazariter
die Besitzungen. Die kumulierten Güter führten dazu, dass
Wicherus und Adelheid von Botenstein gegen die Übertragung klagten, die Klage jedoch schließlich für 3 Mark Silber
zurückzogen.[86] Dies sollte nicht als Benachteiligung oder
Förderunwürdigkeit der Lazariter verstanden werden. Es ist
wohl eher mit der angespannten finanziellen Lage (aus-

---

[84] Die Urkunde, welche die Übertragung an den Lazarus-Orden im Jahr
1253 bezeugt ist und die Güterschenkung 1200 ist abgedruckt in:
Sagittarius: Historia, Nr. 8, S. 236f. Johannes Wolf verweist schlüssig auf
eine Schenkung zwischen 1230 und 1240, in: ebd.: Eichsfeldische
Kirchengeschichte mit 134 Urkunden, Göttingen 1816, S. 77.

[85] Vgl. Egler, Anna: Das Zisterzienserinnenkloster Anrode und die
Zisterzienserinnengründung Breitenbich, in: Eichsfeld-Jahrbuch 20
(2012), Duderstadt 2012, S. 5-66.

[86] Vgl. Fn. 83.

schließlich) in der Anfangszeit des Klosters Anrode in Verbindung zu bringen. Nach der Übersiedlung begannen nämlich die Zisterzienserinnen verstärkt durch Ablässe und die Förderung durch Klöster in der Region, Finanzmittel zu akquirieren.[87]

Innerhalb kurzer Zeit war der Konvent nicht nur soweit erstarkt, dass er einen eigenen Komtur und damit seine Autonomie erreicht hatte, 1274 residierte dort sogar Heinrich von Graba, der Provinzial der alemannischen Provinz, wie eine dort bestätigte Übertragung des Kirchenpatronats[88] in Hasle, der durch die drei Schweizer Häuser ausgeübt wurde, an die Propstei Interlaken, zeigt.[89] Auch siegelte er 1278 bei verschiedenen Rechtsgeschäften vor Ort: Im Januar erfolgte der Tausch von Ackerland mit dem Kloster Reifenstein,[90] im August des gleichen Jahres verkaufte er Land an den Deutschen Orden.[91] In beiden Urkunden ist ein Komtur von Breitenbich namentlich erwähnt und damit dauerhaft etabliert.

Spätestens 1283 expandierte die Kommende in die nähere Umgebung, indem eine Ansiedlung im rund vier Kilometer

---

[87] Vgl. Egler: Zisterzienserinnenkloster, S. 7f.

[88] Bis in die Neuzeit wurde unter dem Kirchensatz das Recht eines Grundherrn verstanden, an der Einsetzung eines Pfarrgeistlichen mitzuwirken.

[89] Urkunde vom 07.01.1274, in: Fontes Rerum Bernensium III, Nr. 67, S. 69f.

[90] Wolf druckt diese Urkunde vom 03.01.1278 ab, Wolf: Kirchengeschichte, S. 78.

[91] Urkunde vom 03.08.1278, in: Lampe, Karl Heinrich: Thüringische Geschichtsquellen, Bd. 7 (Urkundenbuch der Deutschordensballei Thüringen), Jena 1936, Nr. 294, S. 229f.

entfernten Helmsdorf gegründet wurde. Der Würzburger Domherr Albert I. Graf von Gleichen schenkte Anfang des Jahres das Patronatsrecht in Helmsdorf, die mit der Kirche verbundene Kapelle in Wolkramshaus mit allem, was mit ihr juristisch verbunden war, Äcker, Wiesen, Futterstellen etc. dem „religiösen und von Christus geliebten Orden des heiligen Lazarus, Ritter Christi vom Jerusalemer Tempel". Gleichsam übertrug er ihnen das Fischerei- und Jagdrecht im Eichsfelder Grenzland und bestimmte, dass alle Güter, die dem Orden jetzt gehörten und zukünftig erworben würden, von der Jurisdiktion des Grafen und seiner Vögte ausgenommen sind.[92] Wie bei der Schenkung an Orden üblich, stand auch hier das Seelenheil der Schenkers und seiner Familie als Grund im Zentrum.

Die Förderung durch die Familie von Gleichen ließ jedoch nicht nach, sondern wurde dahingehend erweitert, dass der Kommende ebenfalls das Patronatsrecht von St. Pankratius in Horsmar übertragen wurde. Die Übertragung wurde auf Bitten der Kommende 1312 von Papst Clemens V. bestätigt. Dies ist auch deshalb bemerkenswert, weil er noch wenige Jahre zuvor die Templer aufgelöst hatte und zu diesem Zeitpunkt in den anderen Kommenden ein allmählicher Niedergang der Männer- und die eigenständige Ausbildung von Frauenkonventen erfolgte. Dabei erwähnt die Bulle, dass neben Graf Albert auch sein Bruder Hermann am Rechtsgeschäft beteiligt war, samt Friedrich Herr von Heldrungen, letzterer wohl nur hinsichtlich des Patronats der Kirche in

---

[92] Urkunde vom 24.02.1283, in: Gudenus, Valentin Ferdinand von: Codex Diplomaticus, Exhibens Anectoda ab AnnoDCCCLXXXI ad MCCC, Bd. 1, Göttingen 1743, Nr. 373, S. 798f.

Brethla für den Konvent in Braunsroda.[93] Der Hof war nicht nur Gutshof, sondern wurde auch von Mitgliedern bewohnt.[94] Darüber hinaus listet Opfermann zugehörige Besitzungen in Azelrode bei Beberstedt, Bebersted, Elberigerode bei Hüpstedt, Germenroth, Großgrabe und Zella auf.[95]

Ab der Wende zum 14. Jahrhunderts ließ die Bedeutung der Kommende jedoch sukzessive nach, was sich unter anderem in den wenigen noch überlieferten Urkunden zeigt. Dazu zählt entsprechend ebenfalls der Helmsdorfer Hof, der nach über 50 Jahren 1369 zum letzten Mal erwähnt wird im Rahmen eines Tauschgeschäfts mit dem Kloster Anrode.[96] Als Rettungsversuch ist wohl die Verpfändung von Land durch die Kommende gegen 40 Pfennige zu werten. Bemerkenswert ist, dass hier nicht mehr der Komtur alleine handelte, sondern die Urkunde vom Präzeptor ausgestellt wurde und vom örtlichen Komtur, der auch Priester war, und den Komturen von Braunsroda, Sangerhausen, Wackenhausen und den Brüdern des Konvents bestätigt wird.[97] Diese Verpfändung wurde weder rückgängig gemacht, noch in irgendeiner Form geändert.[98] In den kommenden 100 Jahren sind keine Urkunden mehr überliefert. Mittlerweile war die Kommende scheinbar darüber hinaus vom autarken Ordenssitz unter die

---

[93] Vgl. Fn. 78.
[94] Opfermann, Bernhard: Die Klöster des Eichsfeldes in ihrer Geschichte, Heiligenstadt 1998, S. 183.
[95] Ebd., S. 142.
[96] Wolf: Eichsfeldische Kirchengeschichte, Nr. 30, S. 37f.
[97] Urkunde vom 28.06.1378, in: Wolf: Geschichte des Eichsfeldes, Nr. 95, S. 75 (Urkundenteil).
[98] Bis 1900 befand es sich im Besitz der Familie Knorre, den Nachfahren des Bedachten. Vgl. Opfermann: Klöster, S. 142.

Herrschaft des Bistums Mainz gekommen sein, ggf. im Rahmen einer Verpfändung. 1358 wurde festgelegt, dass jährlich im Herbst 4 Malter Korn und 4 Malter Hafer, zur Fastenzeit 1 Malter Erbsen, zu Ostern 2 Lämmer und 1 Eimer Butter und zu den anderen Hauptfesten 16 Malter Käse an die Diözese abgegeben werden musste. Daneben diente sie als Sitz des Kirchengerichts und musste entsprechend Herberge und Dienste zur Verfügung stellen.[99] Verglichen mit anderen Pachten der Zeit kann somit von einem Ackerland zwischen 8 und 16 Hektar ausgegangen werden. Daneben scheint das Kloster eine Viehzucht sowie eine Käserei betrieben, also umfangreiche landwirtschaftliche Aktivitäten entfaltet zu haben.

Bereits kurz nach dem Inkorporationsversuchs der Lazariter in den Johanniterorden war die Kommende mit einer nicht unerheblichen Finanzkraft und Größe an die Johanniter übergegangen.[100] Die emotionale, ggf. kirchenrechtlich-monastische Bindung an den Ort wurde hier ebenfalls dadurch geschlichtet, dass verbliebene Lazariter in die Johanniter aufgenommen wurden und Funktionsträger ihre Stellung behalten konnten. Johann Rösner, zum Bespiel, der letztgenannte Präzeptor für Thüringen, wurde Kommendator der Johanniter von Wildungen und Wiesenfeld und auch von Gotha.[101] In den folgenden Jahren wurde die nun noch als Ordenshof bestehende Kommende mehrfach als Erbpacht weitergegeben, bis sie spätestens 1533 an den Rat der Stadt

---

[99] Drs.: Klöster, S.141.
[100] Vgl. Ledebur: Verschmelzung, S. 38.
[101] Ebd.

Gotha fiel.[102] Dies war nur die logische Entwicklung, nachdem das Maria-Magdalenen-Hospital wenige Jahre zuvor ebenfalls an die Stadt übertragen worden war. Heinrich Schmiedt hatte den Hof 1503 als Wirtschafter gegen einen Jahreszins erhalten, dann als Erbpacht, schließlich als Lehen; seine Erben verzichteten darauf, sodass er 1543 letztlich - ohne die Patronatsrechte - verkauft wurde.[103]

3.5. SANGERHAUSEN

Die Kommende Sangerhausen scheint neben Gotha die einzige Niederlassung innerhalb der Präzeptorie gewesen zu sein, die zumindest in den ersten Dekaden ihres Bestehens ein eigenes Leprosorium unterhielt. Geografisch ist das noch zu Ordenszeit als St.-Georgs-Hof oder St.-Georgs-Kommende bezeichnete Gut zwischen den Grenzen der gleichnamigen Stadt (vor dem Riestedter Tor) und der Vorstadt Altendorf im heutigen sachsen-anhaltinischen Landkreis Mansfeld-Südharz verortet und damit recht weit von den anderen Häusern entfernt, am Rande der Thüringer Landgrafschaft. Somit bestand vielleicht die Notwendigkeit eines weiteren Spitalbetriebs, da es abseits (knapp 100 km entfernt) vom Einzugsgebiets Gothas lag.

---

[102] Vgl. Rudolphi, Friedrich: Gotha Diplomatica. Dritte Theil Fürstlicher Sachsen-Gothaischer Historien-Beschreibungen, Frankfurt a. M. 1717, S. 51.
[103] Vgl. Wintzingeroda-Knorr, Levin Freiherr von: Die Wüstungen des Eichsfeldes, Göttingen 1903, S. 149f.

Wie üblich, fehlt auch hier eine Stiftungsurkunde der Kommende. Aufgrund ähnlicher mildtätiger Stiftungen schätzt Schmidt, dass Konrad von Thüringen, Schwager der heiligen Elisabeth und späterer Hochmeister des Deutschen Ordens, auch aufgrund vermuteter Verbindung der Deutschritter zur Stadt, den Lazaritern die ersten Güter überlassen hatte, bevor sie den Georgshof errichteten.[104]

1252 wird das Leprosorium zum ersten Mal urkundlich erwähnt. In diesem Jahr gewährte der römisch-deutsche (Gegen-)König Wilhelm dem „precibus leprosorum domus in Sangerhusen", das gutartig anmute, zwölf Hufen der kaiserlichen Güter durch Kauf, Geschenk oder Verleihung.[105] Welche Möglichkeit des Gütererwerbs das Haus schließlich genutzt hat, ist nicht überliefert. Gleichwohl lässt sich erst durch eine Urkunde aus dem Jahr 1266 tatsächlich nachweisen, dass das Haus dem Lazarus-Orden angehörte. Zu diesem Zeitpunkt bestätigten die Grafen Ulrich und Albert von Regenstein einen Tausch zwischen Hermann von Osterwied sowie seinen Brüdern und den Lazarus-Brüdern sowie den Kranken im Hospital im heutigen Altendorf, die Stelle des Georgshofs.[106]

Wenige Jahre zuvor hatte Erzbischof Rupert von Magdeburg auf eine päpstliche Bulle hingewiesen, die zu Almosen für die Leprosen aufrief. Da diejenigen, die zerstörte Glieder hätten oder an einem Körperteil geschändet seien vom Dienst am

---

[104] Schmidt, Friedrich: Geschichte der Stadt Sangerhausen in zwei Theilen, Bd. 1, Sangerhausen 1906, S. 834f.

[105] Urkunde vom 11.07.1252 in: Tentzel: Supplementum II, S. 602.

[106] Urkunden der Stadt Sangerhausen, Abschriften im Staatsarchiv Rudolfstadt, 1d Nr. 11, Bd. I, o. J., S. 1.

Altar ausgenommen sind und von der restlichen menschlichen Behausung abgesondert sind, solle das Haus vor den Toren der Stadt mit Almosen unterstützt werden. Jedem, der spendete, wurde ein Ablass von 20 Tagen gewährt.[107] Somit dürfte es lepröse Vollmitglieder vor Ort gegeben haben. Dennoch scheint der Hospitalbetrieb nicht lange Zeit später aufgegeben worden zu sein oder zumindest nachgelassen haben, denn von Kranken ist zuletzt 1266 die Rede.

Als 1281 durch eine Schenkung die Ausdehnung des Georgshofs abermals erweitert wurde, werden nur noch die Brüder erwähnt, die außerhalb der Stadt leben. Die Ritter und Ratsherren Cunemund, Goswin und Ulrich von Sangerhausen hatten dem Orden einen Hof übergeben.[108] Eine karitative Stiftung zugunsten der Leprosen wäre sicherlich erwähnt worden. Doch schien sich zu dieser Zeit bereits das Hospital St. Julian entwickelt zu haben, das eine städtische Versorgung sicherstellte.[109] Da 1293 nur ein Prokurator der Brüder genannt wird, der eine Urkunde beglaubigt und ein Hospitalbetrieb erneut nicht aufgeführt ist, dürfte die Krankenversorgung tatsächlich nicht mehr betrieben worden sein.[110] Erwähnenswert ist, dass die Urkunde von einem Heilig-Geist-Hospital außerhalb von Sangershausen handelt. Dies könnte den Schluss zulassen, dass der Krankenpflegebetrieb auf dieses Spital übergegangen war, sonst hätte es

---

[107] Urkunde vom 12.08.1263, in: Tetzel: Supplementum II, S. 614f.
[108] Urkunden der Stadt Sangerhausen, Abschriften im Staatsarchiv Rudolfstadt, 1d Nr. 11, Bd.I, o. J., S. 7.
[109] Vgl. hierzu: Schmidt: Geschichte, S. 826-834.
[110] Urkunde vom 01.02.1293, in: Schöttgen: Diplomataria et scriptores historiae Germanicae medii aevi II, Altenburg 1755, Nr. 61, S. 715.

keinen Grund gegeben, einen Lazariter als Zeugen auszu-
wählen; vielleicht aus historischer Reminiszenz.

Nachdem der Orden die Seelsorge der St. Bonifatius-Kirche
übernommen hatte, die wohl mit der Zeit baufällig geworden
war, wurde eine eigene Kapelle für das Haus gebaut, der
wahrscheinlich das Patronat des Hl. Georgs verliehen wurde,
sodass sich spätestens 1452 die Kommende selbst danach
nannte.[111] Dass dies nicht nur als Eigenbezeichnung verstanden werden kann, sondern öffentlichen Charakter hatte,
wird deutlich, als Komtur Johannes Bamberg nur als Komtur des Hauses St. Georg bezeichnet wurde,[112] der sich selbst
wenige Jahre zuvor als Komtur zu St. Georg vor Sangerhausen des Ordens Sancti Lazari" genannt hatte.[113]

Hiernach finden sich keine überlieferten Urkunden mehr.
Das verwundert deshalb, weil sich in Zeiten des Niedergangs
bei anderen Kommenden durchaus gewährte Ablässe finden, Bestätigungen von Privilegien oder umfangreiche Verkäufe. Dabei berichtete der Komtur in einem Rechtsstreit
mit der Stadt durchaus über die Baufälligkeit der Kirche und
des Hofes, der, wie erwähnt, nicht umfangreich gewesen sein
dürfte und sich auf ein kleines lokales, wahrscheinlich zu-
sammenhängendes, Territorium erstreckte. Es wurden also
keine überlieferten Maßnahmen ergriffen, die Kommende
zu retten.

---

[111] Vgl. Schmidt: Geschichte, S. 836f.

[112] Urkunde von 1457, in: Schöttgen: Diplomataria II, Nr. 209, S. 778f.

[113] Schmidt gibt einen Rechtsstreit zwischen dem Orden und dem Rat
der Stadt wegen einer Baumaßnahme an der Hofkapelle 1452 wieder, bei
dem Herzog Wilhelm II. angerufen wurde, der letztlich zugunsten des
Ordens entschied. Vgl. Schmidt: Geschichte, S. 837f.

Nach der Übertragung der Güter auf den Johanniterorden wurde das Haus fortgeführt. Bereits 1498 war mit Conrad Slintzberg ein Komtur der Johanniter im Amt.[114] 1556 wurde die Kommende, nachdem 1525 wohl die Kirche von Bürgern der Stadt geschändet wurde, an den Rat verkauft und dort später eine Schäferei eingerichtet.[115]

---

[114] Urkunden der Stadt Sangerhausen, Abschriften im Staatsarchiv Rudolfstadt, 1d Nr. 11, Bd. III, o. J., S. 693.
[115] Schmidt: Geschichte, S. 839ff.

4. DIE OBEREN HÄUSER

Die Schweizer Provinz umfasste die drei Kommenden Schlatt, Gfenn und Uri (Seedorf), die in einem unterschiedlichen engen Verhältnis zueinanderstanden. Sie gehörten teilweise zu den letzten selbst verwalteten Häusern im deutschen Sprachraum, die die Aufhebung durch den Papst überstanden und bis zur Reformation überlebten.

4.1. SEEDORF

Das Kloster Seedorf war nicht nur eins der wichtigsten Klöster der alemannischen Ordensprovinz; mit seinem mittelalterlichen Statutenbuch und Nekrologium sind wichtige Quellen der Struktur- und Verfassungsgeschichte des Ordens überliefert. Für die historische Forschung sind vor allem die hohe Zahl von 57 Urkunden und Briefen, die das Kloster betreffen, zwischen 1243 und 1518 von großem Wert.[114]

Das genaue Gründungsdatum der Kommende ist umstritten und bewegt sich zwischen 1197 und 1215.[115] Die Legenden

---

[114] Morel, Gall: Aelteste Urkunden des St. Lazarus Spitals zu Seedorf im Lande Uri. 1243-1518, in: Der Geschichtsfreund 12 (1856), S. 1-53.

[115] Vgl. Hugener, Rainer: Seedorf (UR, Kloster) in Historisches Lexikon der Schweiz, Internetressource: http://www.hls-dhs-dss.ch/textes/d/D11611.php (29.04.2019).

nennen dabei auch die Gründungsjahre 1107 und 1184, wobei das erste Jahr schon aufgrund der vermuteten Gründungszeit des Ordens in Jerusalem in den ersten drei Jahrzehnten des 12. Jhd. schwerlich möglich ist. In den Legenden soll Ritter Arnold aus dem Hl. Land zurückgekehrt sein, in Seedorf unter einer Palme Rast gemacht haben und dabei im Traum von einem Kind, das von Jungfrauen begleitet wurde, aufgefordert worden sein, an dieser Stelle ein Frauenkloster zu erbauen. Die zweite Legende spricht gar davon, dass König Balduin IV. im Traum dazu aufgefordert worden sei, ins Abendland zu reisen und an der Stelle gesunde, an der sein Pferd niederknie. Als dies in Seedorf geschehen sei, beschenkte er das Kloster, errichtete einen Männerkonvent und ließ einige Lazariter zurück.[116] Dass die Kommende sich zumindest ideell dem aussätzigen König verbunden fühlte, belegt ein Bild, das über dem Hauptportal der Anlage angebracht war und ihn bei seiner Heilung zeigte[117] - eine Idealvorstellung, die nicht die Realität abbildete.

Sicher ist, dass Freiherr Arnold von Brienz als Stifter angesehen und als solcher auch im Nekrologium aufgeführt wird, der als Berner Adliger über Grundbesitz am Gotthardweg, dem Teil eines alten Pilgerweges, verfügte. Damit wurde die traditionelle ritterliche Sorge für Pilger sichergestellt. Bis ins 17. Jhd. hinein wurde, was seine Bedeutung für den Ort unterstreicht, sein Schild in der Klosterkirche ausgestellt.[118]

---

[116] Gasser, Helmi: Die Kunstdenkmäler des Kantons Uri, Bd. 2 (Seegemeinden), Basel 1986.

[117] Degler-Spengler: Lazariter, S. 919.

[118] Vgl. Schneider, Hugo: Neues zum Reiterschild von Seedorf, in: Zeitschrift für schweizerische Archäologie und Kunstgeschichte 12 (1951), S. 116-122.

Es ist nicht historisch nachweisbar, dass das Kloster als Doppelkloster für Männer und Frauen errichtet wurde, doch werden die Frauen bereits wenige Jahrzehnte nach der Klostergründung regelmäßig erwähnt.

Das genaue Gründungsjahr ist nicht bekannt. Sofern die o. g. Urkunden zurate gezogen werden, ist eine Stiftung frühestens um 1225 wahrscheinlich. Im Jahr 1270 ist Arnold verstorben, im Jahr 1252 lebt er noch.[119] Gesichert ist die Weihe der Lazariterkirche in Seedorf im Jahr 1237 durch den Bischof von Konstanz, sodass von einer Klostergründung einige Jahre zuvor ausgegangen werden kann. Dies korrespondiert ebenfalls mit der Erlaubnis einer Kollekte für das Haus im gesamten Kanton aus dem Jahr 1243[120] und dem Nekrologium, das ursprünglich 1225 für die erste Eintragung wählte.[121]

Das Nekrologium weist ebenso darauf hin, dass es sich um eine große Gemeinschaft gehandelt haben muss, denn wie Degler-Spengler berechnet hat, starben alleine in den 30 Jahren nach 1280 rund 40 Brüder, was die Dimensionierung des Konvents zeigt. Die Herkunft der selbigen lässt Rückschlüsse auf den Ursprung aus der regionalen Oberschicht, sowohl Adel, Ministerialen und vermögende Bauern, zu, gleiches ist für die später auftretenden Schwestern zu beobachten. Auch sind zahlreiche Konversen, also Hilfsschwester und -brüder angegeben, die für Arbeiten rund um

---

[119] Urkunde Nr. 2 (ca. 1252) und Urkunde Nr. 14 (1270), in: Morel, Gall: Aelteste Urkunden des St. Lazarus Spitals zu Seedorf im Lande Uri. 1243-1518, in: Der Geschichtsfreund 12 (1856), S. 1-51, SS. 2f. und 14.
[120] Urkunde Nr. 1, in: Morel: Urkunden, S. 2.
[121] Vgl. Nekrologium fol. 237a.

den Kloster- und Spitalbetrieb zuständig waren, ohne Vollmitglieder zu sein.[122]

Neben dem familiären Hintergrund der Mitglieder scheint das Kloster regional fest verankert gewesen zu sein. 470 Jahrzeitstiftungen für das Haus sind belegt, die aus dem gesamten Umland des Klosters stammten.[123] Doch auch die Fülle von päpstlichen Privilegien ist erwähnenswert, die teilweise den ganze Orden betrafen und im Original im Klosterarchiv bis heute vorhanden sind, u. a. fünf Papstbullen und zahlreiche (erz-)bischöfliche Vidimi, also Bestätigungen von Privilegien.[124]

Diese Urkunden waren nicht nur symbolischer Natur oder hinsichtlich von Ablässen finanziell vorteilhaft, sie spielten darüber hinaus in Rechtsstreitigkeiten eine Rolle. In einem Disput mit der Fürstabtei Kloster Fraumünster 1289 um die Zehntzahlung von Gütern, die zu einer ihr zugehörigen Kirche gehörten, machten die Lazariter deutlich, dass Papst Alexander IV. alle Güter vom Zehnten befreit hätte, die dem Orden vor 1215 gehört hätten.[125] Zwar ist der Schiedsspruch der beauftragten Chorherren Jacob von St. Peter und Heinrich Maneffe nicht überliefert,[126] doch zeigt die textlich ausführlich begründete Anrufung des Schiedsgerichts, wie Privilegien genutzt wurden.

---

[122] Degler-Spengler: Lazariten, S. 918f.

[123] Ebd.

[124] Vgl. v.a. Morel: Urkunden.

[125] Privileg Papst Alexander IV vom 22. April 1255, in: Morel: Urkunden, S. 4f.

[126] Anrufung vom 07.02.1289, in: Meyer, Gerold: Die Urkunden der Abtei Zürich, bezüglich auf das Land Uri von 835-1325, in: Der Geschichtsfreund 8 (1852), S. 3-100, Nr. 22, S. 27-29.

Die „neuen Gesetze" des Statutenbuchs, wahrscheinlich 1314 und damit nach dem Verlust Akkons und dem Ende der Kreuzfahrerstaaten verfasst, legen nahe, dass das monastische Leben mittlerweile – neben dem Spitalbetrieb – Kern des Ordenslebens wurde. Die noch in den Jerusalemer Regeln kodifizierte Verpflichtung, das Heilige Land gegen die Feinde der Christenheit zu beschützen, findet sich nicht mehr. Ein weiteres Indiz ist, dass der Autor der Sammlung, Komtur Siegfried, die Niederschrift damit begründet, dass viele neue Mitglieder vorhanden seien, die die Regeln des Ordens gar nicht mehr kannten, also offenbar keinen Bezug mehr zum Heiligen Land hatten. So wurde die Einhaltung einer strengen Fastenzeit gemahnt (S. 122 Statutenbuch=SB), die Versammlung der Brüder am Sonntag zum Kapitel beschrieben (S. 122 SB), die Häufigkeit des Kommunionempfangs (S. 155 SB) und Barmherzigkeit für diejenigen eingefordert, die den Orden verlassen hatten und wiederkehrten. Auch hinsichtlich der Schwestern wurden Regeln getroffen, so die Auszahlung eines gewissen Betrags jährlich für die Kleidung (S. 121 SB).

Bereits 1287 wurde explizit den „Frauen von St. Lazarus zu Seedorf" ein Gut übertragen und Morel erwähnt, dass zu Beginn des 14. Jahrhunderts immer seltener die Brüder in Urkunden vorkommen.[127] Ein Grund könnte sein, dass die Bedeutung der Schwestern längst gegenüber den Brüdern zugenommen hatte. Diese Entwicklung lässt sich in allen oberen Häusern recht gut am finalen Ende der Kreuzzüge fest-

---

[127] Rudolf von Schauensee übergibt das Rubengut zu Bürgeln, Urkunde vom 08.05.1287, in: Morel. Urkunden, Nr. 17a, S. 15. Kommentierung von Morel.

machen, das nicht nur die Zweckbestimmung der Ritterorden änderte, sondern darüber hinaus zum Verbot der Templer führte. Die Pflege von Pilgern und Kranken rückte in das Zentrum des Seedorfer Hauses und der ursprüngliche Rekrutierungsgedanke für den Kreuzzug und die Finanzierung der Besitzungen in der Levante in den Hintergrund.

Obwohl in den bischöflichen Urkunden und denen des Großmeisters die Brüder Ansprechpartner sind, ist die „Meisterin von Oberndorf", gemeint ist Seedorf, diejenige, die 1346 ihre Rechte auf ein Gut gegenüber dem Landmann von Uri geltend macht,[128] sodass die Wandlung in ein reines Frauenkloster weitestgehend abgeschlossen sein dürfte; weitere Verträge und Schenkungen der folgenden Jahre bezeichnen nur noch die Frauen.

1413 schließlich wurde das Männerkloster stillschweigend aufgehoben, der Damenkonvent jedoch aufrechterhalten und das Spital als gewöhnliche Krankeneinrichtung fortgeführt. Dies war mit der Auflage verbunden, bald einen Präzeptor zu wählen, der die Aufsicht, auch in finanziellen Dingen, über die Häuser führt.[129] Am 7. Mai 1418 schließlich verständigten sich die Oberhäupter der drei Kommenden, Johanes Schwarber, Kommendator von Gfenn und Seedorf, Meisterin Agnes von Gfenn und Meisterin Katharina Burklin von Seedorf auf neue Regeln für die Niederlassungen, wie es der Großmeister fünf Jahre zuvor verfügt hatte.[130]

---

[128] Urkunde vom März 1346, in: Morel: Urkunden, Nr. 38, S. 26.

[129] Vgl. Urkunden vom 08.12.1413 und 10.12.1413, in: Morel: Urkunden, Nr. 48 und 49, S. 37ff.

[130] Urkunde vom 07.05.1418, in: Morel: Urkunden, Nr. 51, S. 44.

Doch ist bezeichnend, dass trotz der eindeutig weiblichen Dominanz in der Schweiz, die Letztentscheidung in wichtigen Dingen beim männlichen Präzeptor lag, der damit wohl die bei verschiedenen Frauenklöstern zu beobachtende Aufgabe einer Aufsicht über die finanziellen Obliegenheiten innehatte, vergleichbar einem Propst. Offenbar erlaubte zwar das Ordensrecht ein weibliches Kloster, doch nicht die ordensrechtliche (auch interne) Leitung durch eine Schwester. Der bisherige Komtur von Gfenn siegelte in den nächsten Jahren, obwohl eine Meisterin im Amt war, als Komtur von Gfenn und Seedorf und unterstrich damit die Verbindung der beiden Häuser, die gleichsam ein Ende der Selbstbestimmung bedeutete. Sogar das Siegel wurde angepasst bzw. beide Siegel zusammengefügt.

Der Schluss liegt nahe, dass der Wegfall der Rittermönche dazu geführt haben könnte, dass der sich weiterhin als militärisch begreifende Orden, der sich in Frankreich sukzessive zum Honoratioren-Orden wandelte, Seedorf nur noch als Filiale des Klosters Gfenn ansah. Inwieweit auch innerklösterliche Fragen dazu beitrugen, kann nicht mit Sicherheit identifiziert werden. Doch ist kurz vor dem unverschuldeten Ende des Seedorfer Konvents ein mahnendes Schreiben des Komturs überliefert. Johannes Koller von Winterthur bittet darin darum „haltet euch freundlich zueinander, so werden wir auch unser Bestens tun" und verweist darauf, dass ein Heinrich von St. Jacob als offizieller Visitator eingesetzt worden war, um die Einhaltung des Ordensrechts zu prüfen.[131] Eine Antwort seitens der Frauenklosters oder gar ein Visitationsbericht sind nicht überliefert.

---

[131] Urkunde vom 11.09.1517, in: Morel: Urkunden, Nr. 56, S. 50f.

Doch als die Nonnen – bis auf die letzte Äbtissin Apollonia Scheitler – wenige Monate später der Pest erlagen, erlosch auch der verbliebene Teil des ehemaligen Doppelklosters. Nachdem die Anlage dem Kanton Uri zugefallen war, wurden 1559 von Papst Paul IV. Benediktinerinnen aus dem Kloster Santa Maria Assunta in Claro (Tessin) entsandt und das Kloster im Laufe der Zeit als Abtei, heute Teil der Schweizerischen Benediktinerkongregation, unter dem Namen „Abtei St. Lazarus" wiedererrichtet.[132]

4.2. SCHLATT

An der Kommende Schlatt, seit 1973 zur Stadt Bad Krozingen im Landkreis Breisgau-Hochschwarzwald gehörig, wird die Verquickung einer Gründung mit der mittelalterlichen Überzeugung, wie Lepra geheilt werden kann, deutlich. Schon für Jerusalem ist zu beobachten, dass sich Erkrankte von Heilbädern eine Linderung versprachen und vor allem Quellwasser eine besondere, teils magische, Bedeutung zukam, sodass nicht selten Leprosorien in deren Nähe eingerichtet wurden.[133] So ist auch die Quelle im Dorf Schlatt der

---

[132] Vgl. die ausführliche Darstellung der Klostergeschichte auf der Internetpräsenz des Klosters (www.kloster-seedorf.ch). Die Neuansiedlung wird vor allem damit begründet, dass Töchter aus der Urner Oberschicht einerseits ortsnäher klösterlich versorgt werden sollten, andererseits Bildung erhalten sollten. Ende des 17./Anfang des 18. Jahrhunderts wurde schließlich die Klosteranlage und Kirche im barocken Stil neugebaut, nachdem 1662 die Gebeine der Hl. Constantia ins Kloster überführt wurden und es damit eine Klosterheilige gab.

[133] Vgl. Jankrift, S. 167, der vor detailliert auf die sog. Belneotherapie eingeht.

Überlieferung nach bereits in vorchristlicher Zeit als Ort der Heilung bekannt gewesen und wurde bis in die Neuzeit als solche genutzt.[134]

Doch abseits der Tatsache, dass der Platz selbst eine gewisse Bedeutung für den Ordensauftrag hatte, liegt das Gründungsdatum des Hauses im Dunkeln, vor allem deshalb, weil eine Stiftungsurkunde aus dem Jahr 1220 mittlerweile als Fälschung identifiziert werden konnte. Der Legende nach soll Gottfried von Staufen, der mit seinem Sohn Otto und seinem Bruder Werner während ihrer Teilnahme am ersten Kreuzzug den Orden kennengelernt hatte, aus Bewunderung für dessen Arbeit und Kampfeslust vor Ort dem Orden eine Schenkung versprochen haben. Nachdem die Ministerialen des letzten Herzogs von Zähringen zurückgekehrt waren, hätten diese sich nicht mehr des Versprechens erinnert. Der breisgauische Lazariter Heinrich von Ambringen aus Jerusalem wurde deshalb zu Gottfried gesandt, um den hochbetagten Ritter zu mahnen. Mit Erlaubnis seines Lehnsherrn schenkte dieser daraufhin dem Orden den Widemhof, der nahe der Quelle lag, und die Kirche, jeweils samt aller Güter, jedoch ohne die Gerichtsbarkeit, verbunden mit der Auflage, die Kirchengüter erst nach dem Tod des amtierenden Pfarrers zu nutzen.[135]

Würde also die Datierung stimmen, wäre Schlatt die erste Kommende im deutschsprachigen Raum und wenige Jahre älter als das Gothaer Haus. Schulte hat bereits 1886 beleg-

---

[134] Poinsignon, Adolf: Die heilkräftige Quelle und das Haus des hl. Lazarus zu Schlatt i. Br., in: Schau ins Land 11 (1884), S. 9-21, v.a. S. 9f.
[135] Ebd., S. 11f.

bare Gründe angebracht, die Echtheit der Datierung zu bezweifeln.[136] Wichtigstes Indiz ist, dass die Erneuerung der Schenkung durch die Familie von Stauffen aus dem Jahr 1277, ein nicht ungewöhnlicher diplomatischer Akt, sogar die Liste der Zeugen übernimmt, was schon alleine personell nicht korrekt sein kann. Es können verschiedene Gründe angenommen werden, so der Versuch, den Zehnten nicht an die Johanniter abgeben zu müssen (1288-1290), eventuelle Rektoratsstreitigkeiten, wie um die Kirche von Meiringen (s. o.) zu vermeiden, oder aber schlicht nach dem Fall Akkons nicht auch noch diese Kontinuität zu verlieren.[137] Nichtsdestotrotz muss festgehalten werden, dass sich aus den beiden Urkunden keine rechtlichen Differenzen ergeben, bis auf das das Vogtrecht, das in der 1220er Variante nicht ausgeschlossen wurde, und somit eher ideelle und keine materiellen Gründe zur Fälschung geführt haben dürften. Schulte wies darauf hin, dass in einer Urkunde 1273 ein Werner von Stauffen als Mitglied des Ordens erscheint.[138] Somit könnte auch dies ein Indiz dafür sein, dass ein Mitglied der Ministerialenfamilie, vielleicht sogar der Bruder des Schenkenden selbst, Lazariter wurde und mit der Übertragung die zur Aufnahme grundsätzlich notwendige Schenkung vollzogen wurde.

Das Gründungsdatum lässt sich aufgrund der Quellenbasis nicht exakt bestimmen, sondern nur interpretieren. Die o. g. Gründung der Präzeptorie der oberen Häuser im Jahr 1271

---

[136] Schulte, Aloys: Die Anfänge der Kommende des Lazaritenritterordens zu Schlatt im Br., in: Zeitschrift für die Geschichte des Oberrheins 40 (1886), S. 462-470.

[137] Vgl. Degler-Spengler: Lazariter, S. 875.

[138] Vgl. Schulte: Anfänge, S. 470.

bedingt, dass zu diesem Zeitpunkt bereits das Haus eine Selbstständigkeit besaß. Genealogisch könnte der erwähnte Heinrich von Ambringen mit einem gleichnamigen Ritter identisch sein, der sich ab 1239 im Umkreis der Stauffen, 1248 auf deren Burg, aufhielt.[139] Damit könnte die Gründungslegende der Mahnung durch die Jerusalemer Zentrale, die zugesagten Güter zu übertragen, einen wahren, wenn auch mindestens zwei Dekaden später zu datierenden,Kern haben.

Es lässt sich nicht nachweisen, ob von Anfang an neben dem Männer- auch ein Damenkonvent bestand, da die erste Schwester erst 1297 urkundlich erwähnt wird.[140] Doch weist Degler-Spengler darauf hin, dass die gefälschte Gründungsurkunde wahrscheinlich den Zustand des Jahres 1277 wiedergab, bei der unter anderem von „fratrum seu soroum" gesprochen wird, auch wenn die meiste Zeit nur auf den Meister und die Brüder verwiesen wird.[141] Da ebenfalls in den anderen Häusern Schwestern einen nicht unwichtigen Teil der Gemeinschaft darstellten und für das Jerusalemer Haus zwei getrennte Bereiche für Männer und Frauen nachgewiesen sind, ist nicht auszuschließen, dass es bereits von Anfang an, oder es zumindest innerhalb der ersten Jahrzehnte nach der Gründung, weibliche Mitglieder gegeben hat. Diese Beobachtung ist nicht neu. Die Existenz von Schwestern in Seedorf lässt sich für die ersten Dekaden nur aus dem Nekrologium ablesen, in Rechtsgeschäften werden

---

[139] Ebd., S. 876f.
[140] Gefälschte Urkunde vom September 1220, in: Schulte: Anfänge, S. 463ff.
[141] Vgl. Degler-Spengler: Lazariter, S. 877.

50

sie erst zu dem Zeitpunkt genannt, als einer Meisterin aus
Ermangelung an Brüdern die Sorge über die Häuser übertragen war. Siegelführend war jedoch ein Frauenkonvent in
Schlatt bis zuletzt nicht, wie die Meisterin selbst 1362 erwähnt.[142]

Die Bedeutung des Hauses muss groß gewesen sein. Seit der
Einsetzung eines Präzeptors nahmen meist die Komture von
Schlatt dieses Amt wahr. So war Volbert nicht nur erster
Amtsinhaber, auch sein Nachfolger Ulrich stammt aus
Schlatt. Vor allem aber Siegfried, ein Priester, dessen Herkunft nicht endgültig zu klären ist, ab 1282 Präzeptor, hat
mit seinem Statutenbuch von Seedorf einen unschätzbaren
Wert für die Ordenshistoriographie überlassen und nicht nur
die Regeln des Jerusalemer Mutterhauses konserviert, sondern die einzig muttersprachlich überlieferte Regel der deutschen Häuser niedergeschrieben. Bedingt durch die langsamen mit Verkäufen unterlegten Auflösungsprozesse, vor allem der männlichen Konvente, während seiner Amtszeit erscheint er recht häufig bei Rechtsgeschäften.[143]
Doch auch die Systematik der Siegel deutet auf die Vorrang-
stellung hin. Seit der Einsetzung des Präzeptors wird auf seinem Siegel stets Schlatt an erster Stelle genannt, auch wenn
der Amtsträger aus einem der anderen Niederlassungen
stammte. Eine hierarchische Gleichheit der einzelnen Kommenden unterstellt, dürfte damit die Kommende das personell größte der drei Häuser gewesen sein.

---

[142] Ebd., S. 877.
[143] Degler-Spengler hat eine umfangreiche kommentierte Liste aller
nachweisbaren Präzeptoren veröffentlicht. Ebd., S. 864-867.

Dabei hatte das Haus wie alle anderen mit finanziellen Schwierigkeiten zu kämpfen; tatsächlich ist nur eine weitere Schenkung, erneut durch Werner von Staufen, bekannt, der dem Konvent zwei Joch Weinberge vermachte.[144] Bereits 1310 verkaufte Siegfried „dur notdurft unde nuz" für 22 Mark Silber verschiedene Äcker an die Erben des Hug Ederlin aus Freiburg, die sie als Erbpacht zurückerhielten.[145] Schon 1274 hatte das Haus Güter im entfernten Endlingen für 18 Silbermark veräußert, 1334 wohl die letzten auswärtigen Güter, diesmal in Rimsingen, zugunsten des Klosters Günterstal.[146] Ob dort noch weitere Besitztümer vorhanden waren oder aber auch bei letzterem Erbpacht vereinbart wurde, ist nicht überliefert, doch muss der Komtur Peter 1354 einen Schuldschein über 11 Mütt Roggen für ebendieses Kloster ausstellen. Bereits zwei Jahre zuvor musste er im Namen des Konvents Getreidezinse in Schlatt selbst verkaufen.[147] Auch wenn bei der Übertragung rund 8 Jahre später andere Gründe genannt werden, weist Degler-Spengler auf die anhaltende regionale Förderung der Johanniter hin. Diese erhielten nicht nur den Zehnten eines Teils der Güter der Lazariter, sondern wurden insoweit unterstützt, dass ihnen 1371 das gesamte Dorf Schlatt für 200 Goldgulden vom Freiburger Grafen verkauft wurde.[148]

---

[144] Schulte gibt diese Urkunde auf S. 467 im Zusammenhang mit der gefälschten Gründungsurkunde wieder, da ein Zeuge aus dieser entnommen worden war.

[145] Urkunde vom 01.07.1310, in: Heferle, Friedrich: Freiburger Urkundenbuch, Bd. 3, Freiburg 1958, Nr. 182, S. 141.

[146] Degler-Spengler: Lazariter, S. 878.

[147] Die Urkunden aus dem GLA Karslruhe 23/703 und 20/1862 werden von Degler-Spengler wiedergegeben.

[148] Degler-Spengler: Lazariter, S. 879 u. 881.

Zwar versuchte das Haus durch die Bestätigung zahlreicher Privilegien (Exemtionen, Ablässe etc.) durch Papst Innozenz VI. im Juni 1360 noch einmal einen letzten Rettungsanker zu nutzen,[149] wie es der Pontifex verschiedentlich im Laufe der Geschichte des Ordens nach dem Verlust der Levante gemacht hatte, doch führte auch dieser Versuch nicht zum Erfolg. Hochverschuldet – die Liste umfasst 264 Goldgulden, 18 Mark Silber und 172 Scheffel Getreide, die sie Klöstern, Orten, dem Grafen von Freiburg und sogar dem Großmeister schuldeten – verkaufte der Konvent seine Güter und die Kirche 1362 für 112 Gulden an die Johanniter. Als Gründe werden „multifaria debita et alias rationabilis causas" genannt, wobei die Bestätigungsurkunde des Johanniter-Komturs Theododerich von Keppenbach auch personelle Differenzen zwischen den Mitgliedern, die mangelhafte Leitung durch die Komture und die schlechte Bewirtschaftung der Güter aufführt.[150] Im September erfolgte die Bestätigung der Übertragung durch Bischof Heinrich von Konstanz, nachdem die Erlaubnis des Großmeisters aus Boigny eingeholt worden war. Im November wiederum bestätigt auch Götz von Stauffen im Namen seiner Familie den Übertrag des Pfarrrektorats an die Johanniter unter Verzicht aller noch verbliebenen Rechte der Familie an der Kirche.[151] Es findet sich ebendort keinerlei Weigerung des Bischofs, dem Wunsch des Lazariter-Komturs Konrad von Friesen und der

---

[149] Morel überliefert eine wörtlich identische Urkunde von Papst Johannes XII vom 09.01.1322, in: Morel: Urkunde, Nr. 28, S. 19.

[150] Rieder, Karl: Beitrag zu den wirtschaftlichen und kirchlichen Zuständen in der Diözese Konstanz in der zweiten Hälfte des 14. Jahrhunderts. Mit urkundenlichen Beilagen, in: Freiburger Diözesanarchiv 29 (1901), S. 245-254, hier S. 249.

[151] Urkunden vom 27.09.1362 und 17.11.1362, ebd., S. 251.

Meisterin der Frauenkonvents Ita von Wassen zu entsprechen, dass beide unter Beibehaltung ihres Habits ebenfalls den Johannitern überstellt werden. Beim gesamten Prozess des Übergangs ist bemerkenswert, dass weder ein Präzeptor, noch ein alemannischer Provinzial eingebunden ist, was sich mit der Quellenlage der überlieferten Namen deckt, die über mehrere Jahrzehnte keine Amtsinhaber für diese Ämter nennen.

Als Grund für einen fehlenden Provinzial, der auch bei der Abwicklung der thüringischen Häuser und der verbliebenen oberdeutschen Kommenden nicht mehr genannt wird, kann nur angenommen werden, dass mittlerweile auch die letzten Gedanken an einen weiteren Kreuzzug aufgegeben worden waren. Nach der Auflösung des Templerordens hatten sich auch die Johanniter fest auf Rhodos eingerichtet und betätigten sich eher am Schutz des Mittelmeerraums, wie beim Kreuzzug von Smyrna, als an einer Rückeroberung des heilen Landes. Ein starker Ordensverband wurde unter diesen Umständen genauso wenig benötigt, wie ein Provinzial als Vertreter der Ordensleitung in den europäischen Herrschaftsgebieten oder gar ein Statthalter diesseits des Meeres.

Ein bemerkenswertes Ereignis führte rund zweihundert Jahre später erneut zu einer regionalen Verbindung zum Orden, trotz der großen institutionellen Umbrüche und der damit verbundenen alleinigen Hinwendung zur französischen Krone. Die Eroberung Freiburgs 1677 durch französische Truppen bedingte den Beschluss der Königlichen Kammer, dass Einkünfte aus dem Siechenhaus an der Ausfallstraße nach Basel dem Orden vom Berge Carmel und St. Lazarus zufallen sollten. Allerdings konnte der Betrieb vorerst nicht weiter aufrecht erhalten werden.[152]

4.3. GFENN

Die Gründungslegende von Seedorf strahlte auch auf das Haus in Gfenn bei Dübendorf im Kanton Zürich aus. So soll König Balduin IV., nachdem ihm Seedorf im Traum erschienen war und er einem bestehenden Frauenkloster die Lazariter-Regel gegeben hatte zum Kaiser geeilt sein, um Freiheiten für den Konvent zu erbitten. Am Greifensee, nahe Dübendorf, habe sich sein Pferd geweigert, weiterzuziehen, was er als „Merkzeichen dz er daselbst auch ein Kloster erbwuen sollt" interpretierte. Daraufhin habe er dort ein Frauenkloster gegründet und zwei Schwestern aus Seedorf herbeibefohlen und eine, Martha von Hertenstein, zur Meisterin ernannt. Eine zweite Legende erweitert die Gründung dahin, dass der König auf seinem Rückweg vom Kaiser erneut an die Stelle kam und vor allem die Grafen von Rapperswill den Bau gefördert hätten.[153]

---

[152] Vgl. Kurrus, Theodor: Die Lazaritenkommende von Freiburg im Breisgau und Schlatt, in: Feigl, Erich: Memento, Wien 1974, S. 203-209, v.a. S. 204. Kurrus, Pfr. von Schlatt, bennent die diesbezüglichen Archivalien im Stadtarchiv Freiburg, Abt. Militaria, Gallica 92.

[153] Die Legenden sind abgedruckt in Nürschler, Arnold: Die Lazaritenhäuser in Gfenn bei Dübendorf und Schlatt. Kanton Zürich (Miteilungen der Antiquarischen Gesellschaft in Zürich 9), Zürich 1853-1856, S. 5-7. Es ist zu erwähnen, dass nur bedingt von einer Lazariter-Regel gesprochen werden kann, es handelt sich vielmehr um die Konkretisierung der Augustinerregel.

Tatsächlich fehlt auch für diese Kommende eine konkrete Stiftungsurkunde. Die erste urkundliche Erwähnung erfolgte 1250, als zwei Zürcher Bürger Besitzungen bei Wangen an die Kommende verkaufen.[154] Daraus folgt, dass zu diesem Zeitpunkt bereits eine Autonomie des Hauses und entsprechende finanzielle Mittel vorhanden gewesen sein müssen. Die Schenkungsurkunde der Meiringer Kirche nennt jedoch den Orden als Empfänger, was darauf hinweist, dass das Haus nach 1234 gegründet wurde oder sich entwickelt hat, vielleicht tatsächlich aus Mitgliedern – wenn auch keinen Schwestern – des Seedorfer Konvents. In Verbindung mit dem von Komtur Johannes Schwarber in einer Jahreszeitstiftung genannten Gründer, Graf Rudolf von Rapperswil, der mit Vogt Rudolf III. identisch sein dürfte, der seit 1233 den Grafentitel führte,[155] kann von einer Gründung in den 1230er-Jahren ausgegangen werden. Die weitreichenden Güter – zumindest überliefert zahlenmäßig deutlich umfangreicher als in Schlatt – befanden sich bis auf Ausnahmen in der näheren Umgebung des Hauses. Zwar sind vereinzelt Schenkungen überliefert, doch hat das Haus seinen Besitz größtenteils durch Ankäufe, wie von der Gräfin von Rapperswil und dem Konstanzer Bischof erworben.[156]

Daneben scheint der Kommende eine besondere Stellung hinsichtlich der Meiringer Kirche zugekommen sein, die

---

[154] Urkunde aus dem Jahr 1250, vor dem 24. September, in: Urkundenbuch der Stadt und Landschaft Zürich, Bd. 2 1235-1254, Zürich 1890, Nr. 786, S. 254f.

[155] Degler-Spengler: Lazariter, S. 889.

[156] Vgl. Pfenninger, Ernst: Von den Anfängen des Lazariterhauses in Gfen, in: Heimatbuch Dübendorf 20 (1966), S. 3-23, hier S. 20f.

nicht nur aufgrund ihrer königlichen Schenkung und Bestätigungen eine Sonderrolle einnahm, sondern gleichsam, weil
ihretwegen wohl die Präzeptorie verliehen wurde, deren
rechtliche Handlungsfähigkeit einzig durch die Umstände
des Verkaufs der Kirche bewiesen ist.

Wenngleich die Kirche auch nicht der Kommende als solcher unterstand, hatte sie wohl die Verwaltung inne. Aus der
Übertragungsurkunde an das Kloster Interlaken lässt sich sogar schlussfolgern, dass ihr das Rektorat zustand, was mit
beträchtlichen Pfründen verbunden gewesen wäre; das
Zehntbuch des Bistums Konstanz nennt jährliche Einnahmen von 95 Pfund.[157] Die Übertragung erfolgte, ohne auf
weitere Beschlüsse der anderen Häuser einzugehen, am 13.
April 1272 durch Konrad von Uri, dem Komtur von Gfenn,
wenn auch mit Zustimmung und Siegel des Präzeptors und
amtierenden Komturs von Schlatt.[158] Eine solche Urkunde
hätte nicht ausgestellt werden können, hätte das Haus nicht
die Rechte an der Kirche verwaltet. Darüber hinaus erhielt
Gfenn kurze Zeit später eine Entschädigung von 250 Pfund,
die klar in Verbindung mit der Kirche stand und womit das
Kloster Interlaken seine Schuld gegenüber den Lazariten
endgültig getilgt hatte.[159]

Als Grund für die Übertragung werden das Fehlen eines
Pfarrers, der die Seelsorge betreiben kann, und die „Gewalt
und Bosheit der Herren dieser Erde" angegeben. Hugener

---

[157] Vgl. Person-Weber, Gerlinde: Der Liber Decimationis des Bistums
Konstanz, Freiburg 2001, S. 335.
[158] Urkunde vom 13.04.1272, in: Fontes rerum Bernensium III, Nr. 17,
S. 14-16.
[159] Urkunde vom 01.12.1286, in: Fontes rerum Bernensium III, Nr. 432,
S. 415f.

interpretiert als Grund für diese Aussage schlüssig den Versuch des Rudolf von Habsburg das Machtmonopol im Berner Oberland zu erringen. Ein normales Kloster sei besser kontrollierbar gewesen als die Lazariter.[160] Die Exemtion des Ordens von der bischöflichen und landesherrlichen Gewalt durch den Papst unterstreicht dies, obwohl der Pontifex den Orden durch dieses Privileg eigentlich fördern wollte. Er legt darüber hinaus dar, dass die Förderer des Hauses aus dem Kreis um die Rapperswiller stammten und es damit ähnlich wie in Schlatt seine Bedeutung größtenteils einer einzelnen Familie verdankte.[161] Die Förderung des Ordens ließ scheinbar dann nach, als der eigentliche Zweck eines Stifters – die Unterstützung der Leprosenfürsorge in der Levante – nicht mehr oder nur noch eingeschränkt gegeben war. Parallelen lassen sich ebenfalls dahingehend beobachten, dass Papst Nikolaus IV. dem Haus einen Schutzbrief mit der Garantie der Privilegien ausstellte.[162] Der Verlust Akkons stellte also gleichsam eine besondere Situation dar, in der sich der Ritterorden seiner Rechts versichern mussten.

In den weiteren Jahren finden sich nur noch Verkäufe der Kommende, wie die Abtretung der Güter in Oerlikon 1310[163] und die „neuen Gesetze" des Statutenbuchs, das die weiblichen Konvente ins Zentrum rückte, die in nächsten Dekaden die alleinigen Vertreter des Ordens darstellten ohne die Entwicklung dorthin zu erläutern. Nachdem 1346

---

[160] Hugener, Rainer: Das Lazaritenhaus in Gfenn und der regionale Adel. Kirchliche Gründung im Spannungsfeld adliger Herrschaftsbildung im oberen Glatttal im 13. Jahrhundert, Zürich 2003, S. 13-20.

[161] Ebd., S. 37-39.

[162] Urkundenbuch der Stadt und Landschaft Zürich, Bd. 6, 1288-1296, Zürich 1905, Nr. 2149, S. 129f.

[163] Vgl. Nürschler, S. 9.

zum letzten Mal Brüder in Gfenn erwähnt werden, ist es 1368 die Meistern Bertha von Hünenberg, die zwei Mühlen für den Konvent in Dübendorf von Hermann von Ladenberg von Greifensee erwirbt.[164] Innerhalb von 20 Jahren war also der komplette Wandel hin zu einem Frauenkonvent unter einem männlichen Kommendator vollzogen, ohne dass zuvor in signifikanter Weise Schwestern erwähnt worden waren. Es würde die These stützen, dass der ritterliche Kreuzfahrtgedanke immer weiter in den Hintergrund rückte; auch ein Spital oder Leprosorium lässt sich in den Urkunden nicht nachweisen, im Gegensatz zu Seedorf. Degler-Spengler wirft hier die Frage auf, ob zwischen der Aufhebung der Kommende Schlatt sechs Jahre zuvor, bei der der Komtur und die Meisterin den Johannitern übertraten, wie oben gezeigt ebenfalls durch Streitigkeiten, und der Ansiedlung von Schwestern in Gfenn, ein Zusammenhang bestand, z. B. im Rahmen einer Abspaltung.[165] Aufgrund eines fehlenden Nekrologiums in beiden Häusern lässt sich jedoch eine personelle Kontinuität weder nachweisen noch widerlegen.

Jedenfalls erlebte das Haus eine neue Blüte. Einerseits sind mehrere Eintritte überliefert, andererseits wieder Schenkungen. So schenkte ein Züricher Bürger 1393 zwei Güter. Seine Töchter sollten daraus Zinsen erhalten,[166] wahrscheinlich

---

[164] Urkunde Nr. 1892 (31.05.1368) und Nr. 1896 (20.06.1368), in: Urkundenregesten des Staatsarchivs des Kantons Zürich, Bd. 1, 1336-1369, Zürich 1987, S.383.

[165] Degler-Spengler: Lazariter, S. 894f.

[166] Urkunde vom Bürgermeister der Stadt Zürich vom 10.10.1393, in: Urkundenregesten des Staatsarchivs des Kantons Zürich, Bd. 3, 1385-1400, Nr. 3731, S. 180.

nachdem sie in den Konvent aufgenommen waren. Die Praxis, dass Güter übertragen wurden, allerdings daraus zu Leb-
zeiten die Versorgung von Angehörigen finanziert werden
sollte, war häufig zu beobachten. Doch wurden ebenfalls
Schenkungen zum Seelenheil des Donators übergeben, so
wie Conratt Manidorff, der nicht nur einen kleinen Weinberg
vermachte, sondern auch das dazugehörige Haus, Hofstatt
und Außengelände sowie eine Wiese und Holz.[167]

1407 hatte die Kommende genug Vermögen angehäuft, um
für 12 Goldgulden Güter in Werrikon zu kaufen, wobei dieser Kauf wohl im Vorfeld zu Problemen geführt hatte, da er
vor dem Untervogt von Greiffensee verhandelt werden
musste und auf Wunsch der Meisterin protokolliert
wurde.[168]

Über die Jahre hatte das Haus ein Eigenleben entwickelt, das
sich immer stärker vom Gesamtorden abgekapselt hatte,
selbst der Großmeister Pierre de Ruaux sah sich verpflichtet
einzugreifen. In einem Brief befahl er den Schwestern der
Häuser Gfenn und Seedorf einen „guten und treuen Priester
von gereiftem Alter und empfehlenswerthen Wandel" aus-
zusuchen, aufzunehmen und innerhalb von wenigen Mona-
ten zum neuen Pfleger, also Aufseher, zu wählen. Die
Gründe wogen schwerwiegend, es ist von „verderblichen
Spaltungen und Kriegen der Pfleger" die Rede. Die Schwestern würden, was wohl offensichtlich nicht funktionierte,

---

[167] Urkunde des Bürgermeisters der Stadt Zürich vom 16.06.1394, in:
Urkundenregesten 3, Nr. 3760, S. 187.
[168] Urkunde vom 05.03.1407, in: Urkundenregesten 4, Nr. 5241S. 207.

aufgefordert, sich einen Beichtvater zu suchen, in den Klöstern zu leben, sich in das Ordensgewand zu kleiden, die Gottesdienste abzuhalten und sich in keinerlei auswärtige Angelegenheiten einzumischen. Sofern sie bereuten und bekann-
ten gewähre er ihnen einen Ablass. Der gewählte Pfleger
wurde gleichsam zu einer jährlichen Rechenschaftslegung
gegenüber dem Großmeister oder seinem Visitator verpflichtet.[169]

Nachdem die Schwestern der Aufforderung nachgekommen
waren, sich neue Statuten zu geben und einen Präzeptor, Johannes Schwarber, zu wählen, scheinen sich die Verhältnisse
während seiner dreißigjährigen Amtszeit entspannt zu haben. Doch wurde eine weitere Kontrollinstanz geschaffen.
Der Rat der Stadt Zürich konnte gemeinsam mit den Chorherren von St. Felix und St. Regula (dem Kollegialstift am
Grossmünster) dann einschreiten, wenn erneut Misswirt-
schaft betrieben wurde und es Streitigkeiten zwischen den
beiden Häusern gab.[170] Dieses Recht wurde zukünftig weit
ausgelegt und häufig genutzt. Vor allem der Züricher Rat
ging mehrmals über seine Befugnisse hinaus und mischte
sich in reguläre Transaktionen ein, teilweise dadurch, dass er
einen Pfleger für das Haus bestimmte.[171] Rat und Chorher-

---

[169] Urkunde vom 08.12.1413, in: Morel, Älteste Urkunden, Nr. 48, S. 37-
40, zitierte sinngemäße Übersetzung nach Nürschler: Lazaritenhäuser, S.
10f.
[170] Das neue Statut ist abgedruckt in: Statutenbuch, S. 220-233.
[171] Vgl. Degler-Spengler: Lazariter, S. 899f.

ren verhinderten jedoch als Kastvögte auch die Einverleibung des Hauses in die Johanniter und schlichtete Streit zwischen Schwestern.[172]

Problembehaftet war das Haus wohl auch deshalb, weil es lange Jahre nicht vollbesetzt war. Zwar konnte der umfangreiche Nachlass Schwarbers, der an den Konvent fiel mit detaillierten Auflagen bis hin zur Höhe der jährlichen Apanagen für die Schwestern, vor allem die schweren Verluste und Plünderungen während des Alten Zürichkriegs wieder auffangen, doch scheint die Personaldecke weiterhin dünn geblieben zu sein. Alleine drei Mitglieder stammten aus der engsten Familie des Komturs, darunter seine leibliche Tochter, seine Nichte und die Tochter seines Vetters.[173] Nach dem Tod der letzten familiären Erbin, welche die Güter frei nutzen konnten sollten sie an das Kloster fallen. Gemäß den „neuen Gesetzen", dass die Meisterin frei über Schenkungen für die Mitglieder bestimmen konnten, hatten Meisterin und Konvent zuvor auf die Rechte an den Gütern, u.a. Getreide-

---

[172] Ebd., S. 899 bzw. Nürschler: Lazaritenhäuser, S. 16.

[173] Vgl. dazu auch Nürschler: Lazaritenhäuser, S. 12 u.a. Es war im mittelalterlich nicht ungewöhnlich, dass Priester leibliche Kinder hatten, obwohl verschiedene welt- oder ortskirchliche Konzile versucht haben, diese Problematik, nicht zuletzt mit einem verpflichtenden Zölibat, einzuschränken. Biografisch ist nicht überliefert, ob Schwaber vor oder nach seiner Weihe die Ehe geschlossen hat. Dass seine Tochter in das Kloster eintrat war ein durchaus üblicher Schritt, da lange die Überzeugung vorherrschte, dass eine Zeit im Kloster das Makel der Kindschaft eines Priesters wettmachte. Vgl. Schreiner, Klaus: Defectus natalium. Geburt aus einem unrechtmäßigen Schoß als Problem klösterlicher Gemeinschaftsbildung, in: Drs.: Gemeinsam leben. Spiritualität, Lebens- und Verfassungsformen klösterlicher Gemeinschaften in Kirche und Gesellschaft des Mittelalters, Berlin 2013, S. 415-449.

und Weinanbauflächen, verzichtet.[174] Die Möglichkeit, von
der Ordensregel abzuweichen, ist rechtsgeschichtlich be-
deutsam, da auch die Augustinusregel, die stellenweise einen
weiten Spielraum für die einzelnen Ordensgesmeinschaften
lässt, doch die Besitzübertragung vorsieht.

Nachdem ebenfalls Schwarbers Nachfolger verstorben war,
nutze der Rat ohne die Beteiligung der Chorherren – immer-
hin im Rang eines Reichstifts – ihr Recht und setzen mit Rudolf Hess 1496 einen Komtur ein, der seinem Amt nicht ge-
wachsen war. Einerseits sah sich der Rat veranlasst, nach seiner Absetzung die Amtsausstattung durch Pfründe auf eine
neue rechtliche Grundlage zu stellen,[175] anderseits hatte er
eine Schwester geschlagen, sodass er dazu verurteilt wurde,
die Kosten für die notwendige medizinische Behandlung
und Schadensersatz für die entgangenen Pfründe zu zahlen,
darüber hinaus musste er „den Frauen Sicherheit vor weiteren Misshandlungen gewähren".[176]

Doch führte die Neubesetzung des Amtes mit Johann Koller[177] nicht zu einer wirtschaftlichen Verbesserung des Hauses. Mit der erneuten Bestätigung von Ablässen und päpstlichen Privilegien (inklusive Exemtion von der bischöflichen
Gewalt) 1518 enden die überlieferten Urkunden.[178] Das Siechenhaus Spannweide, dem 1525 die Besitztümer des Or-

---

[174] Urkunde vom 22.07.1424, in: Urkundenregesten des Staatsarchivs des
Kantons Zürich, Bd. 5, 1415-1430, Zürich 2002, Nr. 6668, S. 176.

[175] Vgl. Pfenninger: Anfängen, S. 18.

[176] Nürschler: Lazaritenhäuser, S. 16.

[177] Spätestens 1504 eingesetzt, vgl. Kurzbiografie bei Degler-Spengler:
Lazariter, S. 870f.

[178] Urkunde, in: Morel: Älteste Urkunden, Nr. 57, S. 51.

dens im Rahmen der Reformation zugefallen waren, verkaufte es am 12. März 1527 an Landvogt Heinrich Eschwer
zu Greifensee.[179] Die letzte verbliebene Schwester, eine namentlich nicht genannte Gräfin, erhielt nach Beratungen des
Rates 1531 durch den Bürgermeister eine kleine dingliche
Leibrente (darunter drei Eimer Wein und 4 Mütter, also ca.
328 l Getreide) vom Dominikanerinnenkloster Töss.[180]

---

[179] Urkunde, in: Egli, Emil: Actensammlung zur Geschichte der Zürcher
Reformation in den Jahren 1519-1533, Zürich 1879, Nr. 1139, S. 535af.
[180] Beratung, ebd., Nr. 1763, S. 755-757; Bewilligung, ebd., Nr. 1792, S.
766.

5. MEGERSHEIM

Die Kommende Megersheim bestand nur rund 63 Jahre, war jedoch in dieser Zeit einer der wichtigsten Verwaltungssitze des Ordens für die gesamte Provinz. Formell schien sie keiner Präzeptorie angehört zu haben. Die Güter im heutigen hessischen Rüsselsheim, die Philipp von Hohenfels, Spross einer regional einflussreichen Familie,[181] gekauft hatte, tauschte er mit dem Orden gegen Güter in Nierstein. Die nicht datierte editierte Urkunde stammt aus den Jahren 1234 bis 1250, Wagner vermutet den Tausch erst 1253.[182] Als Zeugen wurden u. a. Bruder Hartman von Kronenberg genannt, der gleichsam Gutsverwalter und Schöffe in Frankfurt war und der Hoppenheimer Gutsverwalter Markward.[183] Ob Hartmann Mitglied des Ordens war, lässt sich aus der Urkunde nicht ablesen, doch ist er der Einzige, der als Bruder bezeichnet ist, sodass die Vermutung nahe liegt, einen Lazariter als Zeugen mitaufzunehmen.

Die in Nierstein gelegenen Güter selbst sind nicht näher lokalisiert, auch ist nicht überliefert, wie und weshalb diese

---

[181] Das Herren von Boladen und Hohenfels waren Reichsministerialen, wohl ursprünglich der Mainzer Erzbischöfe, später im Gefolge von Friedrich Barabrossa, stellten Reichsvögte und kaiserliche Präzeptoren des Mittelrheins und als kaiserliche Truchsessen. Vgl. u.a. Andermann, Kurt: Die Boladen. Ministerialen der Staufer, in: Vor-Zeiten. Geschichte in Rheinland-Pfalz IV, Mainz 1988, S. 69-86.

[182] Wagner, Georg/Schneider, Friedrich: Die vormaligen geistlichen Stifte im Großherzogthum Hessen 2, Darmstadt 1872, S. 514.

[183] Vgl. Urkunde, in: Lau, Friedrich: Urkundenbuch der Reichsstadt Frankfurt. Codex diplomaticus moenofrancofurtanus 1, Frankfurt a. M. 1901, Nr. 159, S. 78f.

in den Besitz des Ordens gelangt sind. Doch ist aufgrund der zeitlichen Abfolge der Gründungen des Ordens innerhalb der Ordensprovinz nicht wahrscheinlich, dass hier einfach eine Kommende verlegt wurde. Eher ist anzunehmen, dass es sich um die Schenkung eines lokalen Adligen an Orden gehandelt hatte, wie andernorts, und die Lazariter durch den Tausch ihre lokale Akkumulation vorantrieben.

Interessanterweise sind über die Verwaltung der Güter sehr wenige Quellen überliefert. Wagner nennt noch eine Erwähnung in einer örtlichen Streitigkeit um einen Wasserablauf,[184] doch finden sich in den Quellen nur zwei Rechtsgeschäfte. Eine zum Haus gehörende Kirche und weitere Güter samt aller Rechte in (dem heutigen Mainzer Stadtteil) Bretzenheim wurde 1266 an das Kloster Dalheim verkauft, das kurz zuvor zisterziensisch geworden war und begann, seinen Grundbesitz erheblich auszudehnen.[185] Die entsprechende Urkunde nennt einen Bruder Baldemar und seine Ehefrau Odilia als diejenigen, die dem Orden diese Güter überlassen (wörtlich zusammengetragen) haben.[186] Wenn wir die Bezeichnung Baldemars als Bruder ernst nehmen, findet sich hier – neben der Schweiz – ein weiteres Beispiel eines verheirateten Ordensmitglieds. Die Urkunden über Rechtsgeschäfte unterscheiden dabei selten zwischen Voll-

---

[184] Wagner: Stifte, S. 515.

[185] Vgl. Grathoff, Stefan: Kloster Dahlheim in Mainz, Internet-Lexikon, https://www.regionalgeschichte.net/rheinhessen/mainz/kulturdenkmaeler/kloster-dalheim.html (24.04.2019).

[186] Urkunde vom 07.01.1266, in: Bodmann, Franz Joseph: Rheingauische Alterthümer oder Landes- und Regiments-Verfassung des westlichen oder Niederrheingaues im mittleren Zeitalter. Erste Abtheilung, Mainz 1819, S. 185f.

mitgliedern, dienenden Brüdern und Tertiaren – diese findet sich so nur im Eigenrecht, wie dem o.g. Statutenbuch. So ist wohl eher davon auszugehen, dass er einen affiliierten Status hatte und damit auch für Nicht-Vollmitglieder eine Schenkung zugunsten des Ordens erwartet wurde.[187]

Die letzte lazaritische Urkunde, die die Kommende betrifft, stammt aus dem Jahr 1316. Offenbar waren die Güter mit so „großer Schuld und Wucher" belegt, dass sie an den Richter Salmann zu Mainz für 880 Pfund Heller verkauft wurden. Der Verkauf durch den Provinzial von Alemannien, Heinrich von Dobenstein, erfolgte dabei nicht auf Wunsch einer Kommende, sondern auf Gebot des „obersten Meisters und des Ordens".[188] Dieser recht vermögende Richter, wie zahlreiche Urkunden von Verkäufen an ihn bezeugen, veräußerte das Gut bereits zwei Jahre später weiter an Philipp von Falkenstein, den Jüngeren. Merklich hatte sich der Richter jedoch mit dem Wert der Güter verspekuliert, da er nur noch 600 Pfund Heller dafür erhielt.[189]

Wie bereits mehrfach erwähnt, finden sich jedoch verschiedene Urkunden, welche die jeweiligen Provinziale nennen, die in Megersheim residierten und dies auch neben dem Komtur. Es ist daher zumindest davon deutlich, dass dieses

---

[187] Auch der Johanniterorden kannte die Aufnahme von Mitgliedern, auch Frauen, ohne Profess, gegen jährliche oder einmalige Zahlungen. Vgl. u.a. Waldstein-Wartenberg, Berthold: Rechtsgeschichte des Malteserordens, Wien/München 1969, S. 49f.

[188] Urkunde vom 07.09.1316, in: Gudenus, Valentin Ferdinand von: Codex diplomaticus anecdotorum, Bd. 2, Göttingen 1747, S. 472f.

[189] Urkunde wenige Tage vor dem 02.02.1318, in: Gudenus, Valentin Ferdinand von: Codex diplomaticus anecdotorum, Bd. 5, Göttingen 1768, S. 797f.

Amt nicht von einem Komtur ausgeübt wurde, wie es beispielsweise bei den Präzeptoren häufig der Fall war. Dabei finden sich verschiedene Amtsbezeichnungen von Präzeptor, Meister über Provinzmagister bis hin zu Visitator. Nach dem Verkauf von Megersheim ist auch dieses Amt für die Provinz Alemannia nicht mehr quellenkundig. Vielleicht lässt dies darauf schließen, dass der Versuch, einen Hauptsitz des Ordens für die gesamte Provinz Alemannia dauerhaft zu etablieren fehlgeschlagen war. Das Konstrukt einzelner organisierter Häuser hatte sich etabliert, die über ein ausreichendes Personalreservoir verfügten und genügend Einnahmen hatten, sich selbst zu versorgen. Nur in Krisenzeiten (siehe Seedorf und Gfenn) war eine Zwischenebene zwischen dem Großmeister und den zeitweise größtenteils autonomen Häusern notwendig, oder wenn sich die einzelnen Kommenden bei Gemeinbesitz nicht einigen konnten.

6. SCHLUSSBETRACHTUNG

Die Niederlassungen der Lazariter im deutschen Sprachraum waren nicht unbedeutend. Der Orden verfügte teilweise über einen auch regional ausgedehnten Grundbesitz. Ihm wurden zahlreiche kirchliche Privilegien verliehen, mit denen er seine Finanzkraft stärken konnten. Daneben wurde er von der lokalen Oberschicht unterstützt und hatte stellenweise sogar grundherrliche Rechte inne.

Bis auf Gotha sind die Gründungsakte nur lückenhaft und teilweise verfälscht überliefert. Dies liegt einerseits daran, dass sich manche Niederlassungen durch Gebietserweiterungen aufgrund von Schenkungen, Tauschen und Ankäufen entwickelten, andererseits ist die archivalische Überlieferung fragmentär.

Die Bewirtschaftung der Güter scheint durchweg nicht finanziell tragfähig gewesen zu sein, häufig waren die Häuser überschuldet. Durch Verkäufe, aber auch die Nutzung kirchlicher Privilegien, wie Ablässen, versuchte der Orden, die Lage zu verbessern, ohne jedoch durchweg erfolgreich zu sein. Interne Streitigkeiten führten dazu, dass die Lazariter häufig nicht geschlossen agierten und sogar die seelsorgerischen Aufgaben darunter litten. Durch regionale Präzeptoren sollte eine Aufsicht und die Durchsetzung der Ordensregeln sicherstellt werden.

In der heutigen Schweiz ist die Wandlung hin zu (reinen) Frauenklöstern zu beobachten, was zumindest den wirtschaftlichen Niedergang über einige Jahrzehnte aufgehalten hat. Hier waren es schlussendlich die Pest, die personelle Einschnitte bedeutete, und die Reformation, die zur Auf-

hebung der Klöster führte. In Thüringen war es die päpst-
lich angeordnete Verschmelzung mit den Johannitern, die
nur im deutschen Sprachraum erfolgreich umgesetzt wurde
und das Verschwinden der Lazariter bedingte.

QUELLEN- UND LITERATUR

Andermann, Kurt: Die Boladen. Ministerialen der Staufer, in: Vor-Zeiten. Geschichte in Rheinland-Pfalz IV, Mainz 1988, S. 69-86.

Barber, Malcolm: The New Knighthood. A History of the Order of the Temple, Cambridge 1994.

Beck, August: Geschichte des gothaischen Landes, Bd. 2, Geschichte der Stadt Gotha, Gotha 1870.

Belker, Jürgen: Aussätzige. „Tückischer Feind" und „Armer Lazarus", in: Hergemöller, Bernd-Ulrich: Randgruppen der spätmittelalterlichen Gesellschaft, Warendorf 1990, S. 200-231.

Berger, Elie (Hg.): Les Registres d'Innovent IV, Bd. 3, Paris 1897.

Bodmann, Franz Joseph: Rheingauische Alterthümer oder Landes- und Regiments-Verfassung des westlichen oder Niederrheingaues im mittleren Zeitalter., Erste Abtheilung, Mainz 1819.

Degler-Spengler, Brigitte: Lazariter und Lazaritinnen, in: Helvetia Sacra IV, Bd. 7, Basel 2006, S. 840-943.

Dietrich, Emil: Das Hospital Mariä Magdalenä zu Gotha, in: Zeitschrift des Vereins für thüringische Geschichte und Alterthumskunde 3 (1857), S. 289-312.

Egler, Anna: Das Zisterzienserinnenkloster Anrode und die Zisterzienserinnengründung Breitenbich, in: Eichsfeld-Jahrbuch 20 (2012), Duderstadt 2012, S. 5-66.

Egli, Emil: Actensammlung zur Geschichte der Zürcher Reformation in den Jahren 1519-1533, Zürich 1879.

Fontes rerum Bernensium, Bd. 2 (Bern 1877), Bd. 3 (Bern 1880).

Heferle, Friedrich: Freiburger Urkundenbuch, Bd. 3, Freiburg 1958.

Gasser, Helmi: Die Kunstdenkmäler des Kantons Uri, Bd. 2 (Seegemeinden), Basel 1986.

Grathoff, Stefan: Kloster Dahlheim in Mainz, Internet-Lexikon, https://www.regionalgeschichte.net/rheinhessen/mainz/kulturdenkmaeler/kloster-dalheim.html (24.04.2019).

Greilsammer, Myriam (Hg.): Le livre au Roi, introduction, notes et édition critique, Paris 1995.

Gudenus, Valentin Ferdinand von: Codex diplomaticus anecdotorum, Bd. 1 (Görringen 1743), Bd. 2 (Göttingen 1747), Bd. 5 (Göttingen 1768).

Hugener, Rainer: Das Lazaritenhaus in Gfenn und der regionale Adel. Kirchliche Gründung im Spannungsfeld adliger Herrschaftsbildung im oberen Glatttal im 13. Jahrhundert, Zürich 2003.

Hugener, Rainer: Seedorf (UR, Kloster) in Historisches Lexikon der Schweiz, Internetressource: http://www.hls-dhs-dss.ch/textes/d/D11611.php (29.04.2019).

Jankrift, Kay Peter: Leprose als Streiter Gottes. Institutionalisierung und Organisation des Ordens des heiligen Lazarus zu Jerusalem von seinen Anfängen bis zum Jahr 1350 (Vita regularis 4), Münster 1996.

Körner, Karl: Die Templerregel, Jena 1902.

Kurrus, Theodor: Die Lazaritenkommende von Freiburg im Breisgau und Schlatt, in: Feigl, Erich: Memento, Wien 1974. 203-209.

Lampe, Karl Heinrich: Thüringische Geschichtsquellen, Bd. 7 (Urkundenbuch der Deutschordensballei Thüringen), Jena 1936.

Lau, Friedrich: Urkundenbuch der Reichsstadt Frankfurt. Codex diplomaticus moenofrancofurtanus. Bd. 1, Frankfurt a. M. 1901.

Ledebur, Leopold von: Die Verschmelzung des St. Lazarus-Ordens in Deutschland mit den Johannitern, in: Wochenblatt der Johanniter-Ordens-Balley Brandenburg 10 (1860), S. 37-39.

Leistikow, Dankwart: Bauformen der Leproserie im Abendland, in: Wolf, Jörn Henning: Aussatz, Lepra, Hansenkrankheit. Ein Menschheitsproblem im Wandel, S. 103-149.

Lüning, Johann Christian: Corpus Iuris Feudalis Germanici, Frankfurt a.M. 1727.

Madelung, F.W.: Beyträge zur Erläuterung und Ergänzung der Geschichte der Stadt Gotha, Gotha 1767.

Martin, Alfred: Zur Geschichte der Lazariter im deutschen Sprachgebiet, in: Zeitschrift für Krankenpflege, Klassische Therapie, Krankenfürsorge und Krankenhausbau 44 (1922), S. 87-93.

Meyer, Gerold: Die Urkunden der Abtei Zürich, bezüglich auf das Land Uri von 835-1325, in: Der Geschichtsfreund 8 (1852), S. 3-100.

Morel, Gall: Aelteste Urkunden des St. Lazarus Spitals zu Seedorf im Lande Uri. 1243-1518, in: Der Geschichtsfreund 12 (1856), S. 1-53.

Morel, Gall: Die ältesten Statuten für die Lazaritenklöster Seedorf, im Gfenn, und in Slatte, in: Der Geschichtsfreund 4 (1847), S. 119-158.

Nürschler, Arnold: Die Lazaritenhäuser in Gfenn bei Dübendorf und Schlatt. Kanton Zürich (Miteilungen der Antiquarischen Gesellschaft in Zürich 9), Zürich 1853-1856.

Opfermann, Bernhard: Die Klöster des Eichsfeldes in ihrer Geschichte, Heiligenstadt 1998.

Person-Weber, Gerlinde: Der Liber Decimationis des Bistums Konstanz, Freiburg 2001.

Pfenninger, Ernst: Von den Anfängen des Lazariterhauses in Gfen, in: Heimatbuch Dübendorf 20 (1966), S. 3-23.

Poinsignon, Adolf: Die heilkräftige Quelle und das Haus des hl. Lazarus zu Schlatt i. Br., in: Schau ins Land 11 (1884), S. 9-21.

Potthast, August: Regesta pontificum romanorum 2, Berlin 1875.

Probst, Christian: Der Deutsche Orden und sein Medizinalwesen in Preußen. Hospital, Formarie und Arzt bis 1525 (Quellen und Studien zur Geschichte des Deutschen Ordens 29), Bad Godesberg 1969.

Regel, Fritz: Die Entwickelung der Ortschaften im Thüringerwald (nordwestliches und zentrales Gebiet). Ein Beitrag zur Siedelungslehre Thüringens (Petermanns Mitteilungen, Ergänzungsband 17), Gotha 1885.

Rieder, Karl: Beitrag zu den wirtschaftlichen und kirchlichen Zuständen in der Diözese Konstanz in der zweiten Hälfte des 14. Jahrhunderts. Mit urkundenlichen Beilagen, in: Freiburger Diözesanarchiv 29 (1901), S. 245-254.

Rödel, Walter: Werden und Wirken des Lazarus-Ordens. Ein Überblick mit besonderer Berücksichtigung der Ordenshäuser in Deutschland und der Schweiz, Köln 1974.

Rudolphi, Friedrich: Gotha Diplomatica. Dritte Theil Fürstlicher Sachsen-Gothaischer Historien-Beschreibungen, Frankfurt a. M. 1717.

Sagittarius, Caspar: Historia Gotha, Jena 1700.

Schannat, Johann Friedrich: Fuldischer Lehn-Hof, Frankfurt a.M. 1727.

Schelberg, Antje: Leprosen in der mittelalterlichen Gesellschaft. Physische Idoneität und sozialer Status von Kranken im Spannungsfeld säkularer und christlicher Wirklichkeitsdeutungen, Univ.-Diss., Göttingen 2000.

Schmidt, Friedrich: Geschichte der Stadt Sangerhausen in zwei Theilen, Bd. 1, Sangerhausen 1906.

Schneider, Hugo: Neues zum Reiterschild von Seedorf, in: Zeitschrift für schweizerische Archäologie und Kunstgeschichte 12 (1951), S. 116-122.

Schöttgen: Diplomataria et scriptores historiae Germanicae medii aevi, Bd. 2, Altenburg 1755.

Schreiner, Klaus: Defectus natalium. Geburt aus einem unrechtmäßigen Schoß als Problem klösterlicher Gemeinschaftsbildung, in: Drs.: Gemeinsam leben. Spiritualität, Lebens- und Verfassungsformen klösterlicher Gemeinschaften in Kirche und Gesellschaft des Mittelalters, Berlin 2013, S. 415-449.

Schulte, Aloys: Die Anfänge der Kommende des Lazaritenritterordens zu Schlatt im Br., in: Zeitschrift für die Geschichte des Oberrheins 40 (1886), S. 462-470.

Stadtarchiv Gotha, Bestand: Urkunden des Hospitals Maria Magdalena, Findbuch, 2017.

Tentzel, Wilhelm Ernst: Supplementum Historiae Gothanae, Bd. 1 (Jena 1701), Bd. 2 (Jena 1740).

Urkundenbuch der Stadt und Landschaft Zürich, Bd. 2 (Zürich 1890), Bd. 6 (Zürich 1905).

Urkunden der Stadt Sangerhausen, Abschriften im Staatsarchiv Rudolfstadt, 1d Nr. 11, ohne Jahr.

Urkundenregesten des Staatsarchivs des Kantons Zürich, Bd. 1 (Zürich 1987), Bd. 3 (Zürich 1996), Bd. 4 (Zürich 1999), Bd. 5 (Zürich 2002).

Wagner, Georg/Schneider, Friedrich: Die vormaligen geistlichen Stifte im Großherzogthum Hessen, Bd. 2, Darmstadt 1872.

Waldstein-Wartenberg, Berthold: Rechtsgeschichte des Malteserordens, Wien/München 1969, S. 49f.

Weber, Paul: Kreis Herrschaft Schmalkalden (Die Bau- und Kunstdenkmäler im Regierungsbezirk Cassel 5), Marburg 1913.

Weigelt, Sylvia: Elisabeth von Thüringen in Quellen des 13. bis 16. Jahrhunderts (Quellen zur Geschichte Thüringens 30), Erfurt 2008.

Wintzingeroda-Knorr, Levin Freiherr von: Die Wüstungen des Eichsfeldes, Göttingen 1903.

Wolf, Johann (Hg.): Politische Geschichte des Eichsfeldes. Mit Urkunden erläutert, Bd. 1, Göttingen 1792.

Wolf, Johann: Eichsfelder Kirchengeschichte, Göttingen 1816.